랑랑의 일상 속
전통 액세서리

PROLOGUE

전통 장신구에 대해 뭔가 몰랐을 때는 외국 것이 왠지 더 멋있어 보였어요.

나이가 들어갈수록 점점 더 우리의 전통 공예품에 눈길이 가게 되었습니다. 그러다보니 찾아 공부하게 되고, 그리고 깨닫게 되었죠. 그동안 얼마나 우리 전통에 대하여 무심하고 무지했었는지를요.

공부하면 할수록 선조들의 세련된 미적 감각과 뛰어난 예술적 감수성, 정교하고 노련한 솜씨, 그 안에 내포되어 있는 좋은 의미와 상징성에 대하여 감탄을 거듭하게 됩니다.

우리나라의 장신구를 비롯한 공예품들은 단순히 예쁘장한 장식품이 아니라 그 안에 의미와 기원이 담겨 있는 한 편의 드라마더군요.

문득 이러한 훌륭한 유물들이 박물관에만 전시되어 있기에는 너무 안타까운 일이라는 생각이 들었습니다. 다시 숨을 불어넣어 우리의 일상 속에서 살아 피어나게 하고 싶었죠. 그래서 전통 모티브에 저의 감성을 입혀 일상에서도 착용할 수 있는 새로운 형태의 장신구를 제작하게 되었습니다.

전통을 소재로 한 창조 영역은 한 번도 사람의 손길을 타지 않은 심해처럼 무궁무진하고 방대한 모티브가 숨어 있습니다. 제가 하는 일은 심연 속의 보물들을 하나하나 건져 올려 잘 다듬고 실물로 구체화하는 일이지요. 이미 선조들이 훌륭한 디자인을 해놓으신 터라 크게 손 볼 곳도 없고 살짝 매만지는 정도입니다.

전승 공예는 전승 공예대로 최대한 원형을 기반으로 계승되어야 하고, 생활 속에서의 전통 공예품 역시 현대적 감각에 맞추어 꾸준히 제작이 이루어져야 합니다. 이러한 새

로운 시도와 노력이야말로 우리나라 전통에 대한 관심과 사랑을 불러일으키는 촉매가 되니까요. 그래서 저는 강좌를 진행할 때도 늘 이렇게 얘기하곤 합니다. 작업에 정석은 없으니 맘 가는 대로 더 예쁘게 만드시라고요.

작품 제작에 필요한 기본적인 기법은 숙지하여야 하지만 정말 멋진 디자인은 바로 자신의 경험과 상상력에서 나오는 것입니다. 그러니 여러분도 기법을 익힌 다음에는 여러분의 스타일로 자유롭게 응용해보세요. 재료도 다양한 것으로 구성해보시고요. 장신구라고 해서 꼭 구슬이나 원석, 자개만 사용할 필요가 있나요?

마음만 연다면 길가에 떨어져있는 솔방울 한 톨, 도토리 한 톨도 얼마든지 훌륭한 장신구의 재료가 될 수 있답니다. 일단 모든 경계에서 자유로운 열린 사고와 마음을 가지셨으면 합니다. 전통을 향한 관심과 애정 하나면 충분하니까요.

자, 그럼 이제 저와 함께 랑랑 장신구의 세계로 떠나볼까요?

CONTENTS

02 PROLOGUE

BASIC 01
06 다양한 장신구 재료

BASIC 02
10 도구와 부자재
18 재료 구입처
19 랑랑이 추천하는 곳

BASIC 03
22 기초 과정

PART 1
랑랑 사대부 부인 과정
기초 다지기

32 떨잠 머리핀
36 전통 옥귀걸이
40 찰랑찰랑 전통반지
44 동선말이 나비 귀걸이
48 삼각형 산호 귀걸이
52 전통팔찌
56 갓끈 목걸이
60 오방색 반지
64 산수유 머리핀
68 물고기 목걸이

PART 2
랑랑 공주 과정
응용편 1

- 74 전통 동선말이 목걸이
- 78 갓끈 목걸이 (금속)
- 82 옻칠 스타일 머리띠
- 86 호두비녀
- 92 튤립 머리끈
- 96 꽃가지 귀걸이
- 100 블링블링 황후 팔찌
- 104 랑랑 실크 머리끈
- 108 오얏꽃 자개비녀
- 112 청포도 황후 귀걸이

PART 3
랑랑 황후 과정
응용편 2

- 118 병아리 배씨댕기
- 122 꽃옥가락지
- 126 색동 머리끈
- 130 채송화 뒤꽂이
- 134 황제 허리띠장식 응용 팔찌
- 138 곡옥 목걸이
- 142 진달래 뒤꽂이
- 146 튤립비녀
- 150 고추 금줄 목걸이
- 154 전통 코사지

158 EPILOGUE

BASIC 01

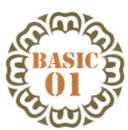

다양한 장신구 재료

다양한 원석

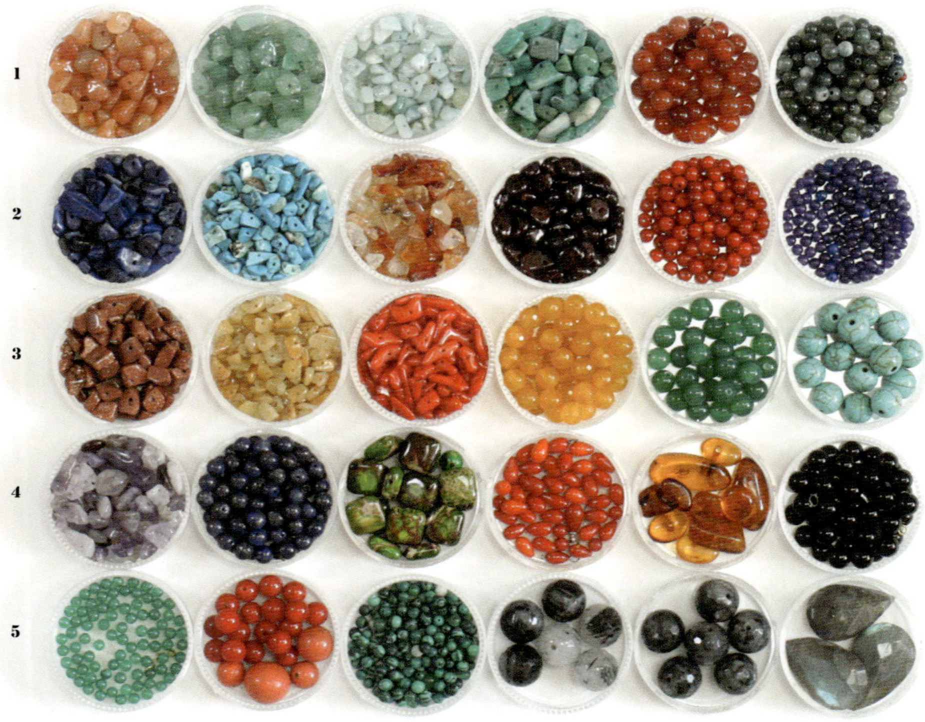

1 레드 어벤추린, 어벤추린, 러시안 아마조나이트, 아마조나이트, 자마노, 수초석
2 라피스 라줄리, 터키석, 커넬리언, 가넷, 산호, 자수정
3 사금석, 황옥칩, 산호, 마노, 그린 오닉스, 터키석
4 자수정, 라피스 라줄리, 제스퍼, 산호, 호박, 오닉스
5 그린 오닉스, 산호, 말라카이트(공작석), 블랙 쿼츠(흑침수정), 레브라도라이트, 레브라도라이트

다양한 크리스털

다양한 진주

진주의 종류에 대해 잠깐 알아볼까요?

담수진주
담수진주는 말 그대로 짠 바닷물이 아닌 민물에서 양식된 진주를 말해요. 비교적 동그란 해수진주와는 달리 모양이 불규칙합니다.

핵진주
핵진주는 모양이 획일적으로 동그랗습니다. 모양이 비교적 동그란 해수진주의 대용으로 사용하는 가짜 진주라고 생각하면 되요. 진주를 갈아서 만든 가루나 조개가루를 이용해서 만든 것으로 고급스런 광택이 있어 귀금속 매장에서 많이 사용되고 있어요.

크리스털 진주
크리스털 진주는 플라스틱 모조진주에 비해 고급스런 광택이 나서 액세서리 제작에 많이 쓰입니다.

다양한 자개

다양한 나무비즈

도구와 부자재

기본 공구

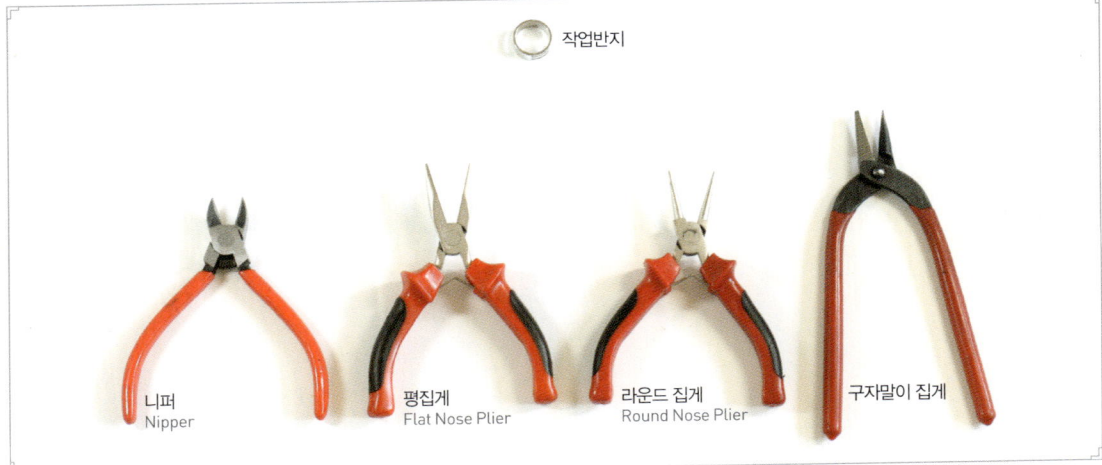

작업반지는 오링을 여닫을 때 아주 유용하게 사용할 수 있습니다.
니퍼, 평집게, 라운드집게, 구자말이집게와 작업반지, 이렇게 5개의 도구만 갖고 있으면
어떤 액세서리든 큰 불편 없이 만들 수 있어요. 니퍼는 자르는 용도로 쓰이고요.
평집게 또는 플랫 노우즈 플라이어(Flat Nose Plier)는 오링을 벌리거나 무언가를 평평하게 할 때 사용되지요.
양쪽이 뾰족하고 동그란 라운드 집게는 라운드 노우즈 플라이어(Round Nose Plier)라고도 불러요.
라운드집게는 은선, 동선을 비롯한 모든 와이어를 동그랗게 말 때 사용된답니다.
라운드집게로도 구자말이를 할 수 있어요. 맨 오른쪽의 집게는 구자말이 전용 집게예요.
힘을 잘 받아서 구자말이를 힘들이지 않고 쉽게 할 수 있어요.

TOP 공구

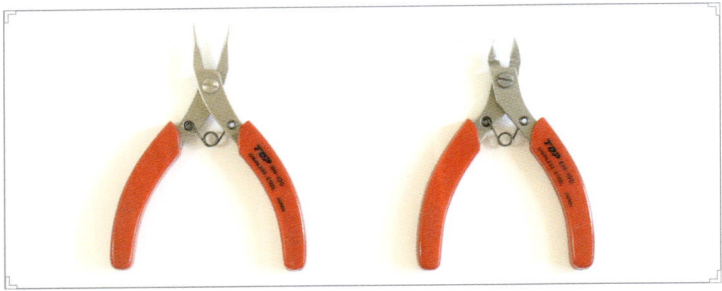

TOP이란 브랜드의 집게인데요, 니퍼와 라운드집게는 한 개씩 갖고 있으면 좋아요.
가격이 조금 비싸긴 하지만 정말 작업할 맛이 난답니다. 특히 니퍼는 굉장히 잘 잘리면서도 아주 부드럽게 잘려요.
라운드집게는 끝이 더 뾰족해서 섬세한 작업을 할 때 좋아요.

에폭시, 글루건

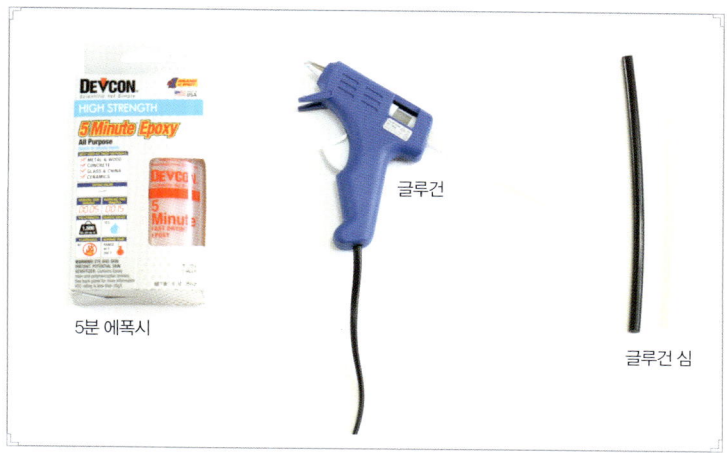

5분 에폭시 글루건 글루건 심

접착제에 대해 알아볼까요? 왼쪽부터 5분 에폭시, 글루건, 글루건 심이에요.
글루건 심은 흰색, 노란색, 검은색이 있지요. 노란색은 강력 글루건으로 흰색보다 접착 효과가 강력해요.
에폭시는 좀 더 자세히 설명해드릴게요.

5분 에폭시
5분 에폭시는 랑랑 강좌에 가장 많이 쓰이는 접착액이에요. 두 액체가 섞인 후 5분이 지나면 완전히 굳기 때문에 그 안에 성형이 가능해서 장신구 제작에 제격이지요. 완전히 굳으면 돌처럼 단단해져서 접착 효과가 매우 좋아요.

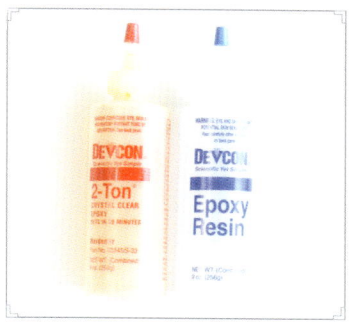

30분 에폭시
30분 에폭시의 접착 효과는 5분 에폭시와는 동일하지만 완전히 굳는 데 시간이 좀 더 오래 걸리지요. 그리고 30분 에폭시로 장신구에 채색 효과를 주는 법을 배우게 될 거예요. 기대해도 좋아요.

다양한 와이어

다양한 와이어예요. 보통 동선이라고 하죠.
동선말이를 비롯해서 액세서리 제작에 많이 쓰이는 재료예요.

알루미늄선
알루미늄선은 일반 철사에 비해 무척 무르고 유연해요.

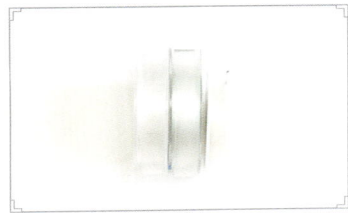

낚싯줄
낚싯줄은 목걸이나 팔찌 등 구슬을 꿸 때 많이 쓰이는 재료예요.

우레탄사
우레탄사는 늘어나는 효과가 있어서 팔찌 제작에 많이 쓰여요.

피아노선
피아노선은 낚싯줄에 비해 튼튼하고 모양도 고정되는 효과가 있어서 원형을 유지해야 하는 작업에 사용하면 좋아요.

다양한 T핀

T핀은 색상과 핀대의 길이가 다양해요.
핀대에 원석을 끼운 후 구자말이하여 고리를 만드는 데 사용됩니다.

다양한 9핀

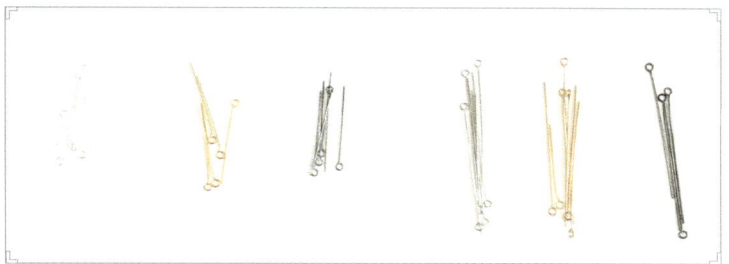

9핀도 색상과 핀대의 길이가 다양해요.
핀대에 원석을 끼운 후 구자말이 하여 고리를 만드는 데 사용됩니다.

볼핀

볼핀은 T핀과 마찬가지 용도로 쓰이는데 끝부분이 볼 모양으로 동그래서 장식용으로 사용됩니다.

오링

오링도 크기, 색상이 다양하답니다. 각 유닛을 연결할 때 쓰이지요.

다양한 체인

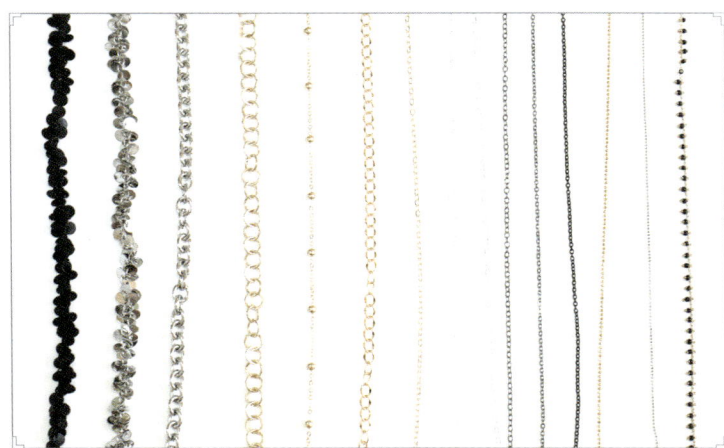

다양한 귀걸이침

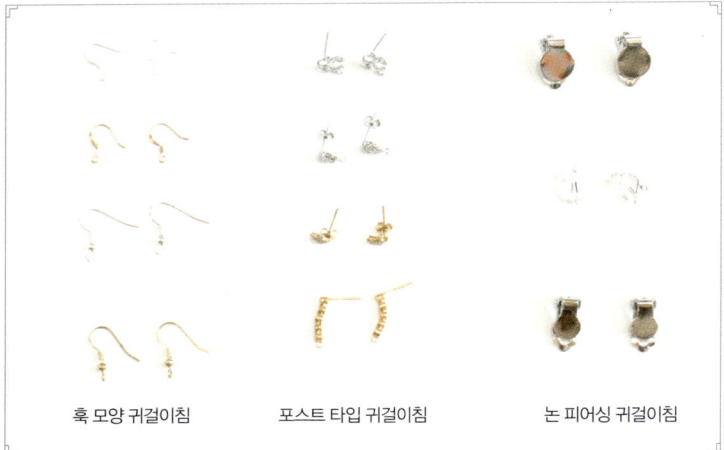

훅 모양 귀걸이침　　포스트 타입 귀걸이침　　논 피어싱 귀걸이침

귀걸이침은 매우 다양합니다.

비즈캡

원석의 위를 장식하는 금형장식

금형장식

금형장식은 모양이 다양합니다.

고정볼과 올챙이

팔찌나 목걸이의 마감장식으로 사용됩니다.

다양한 금속볼

메탈볼이라고도 하는 금속볼 역시 다양한 모양이 있습니다.

샌드볼

파베볼

금속볼의 일종인데요. 겉면이 매끈하지 않고 모래처럼 까끌까끌하며 매트한 느낌을 주는 금속볼입니다.

볼 겉면이 파베 세팅된 것처럼 크리스털이 박혀 있어서 이런 이름으로 불린답니다.

다양한 모양의 반지대

반지대는 벌집부터 부착시키는 형태, 링에 거는 형태, 링의 개수까지 다양한 모양이 있어요. 다양한 모양으로 구성해보세요.

클래습

보통 뒷장식, 마감장식, 잠금장식이라고 불리는데요, 목걸이나 팔찌의 잠금장식으로 사용됩니다.

다양한 브로치 뒷장식

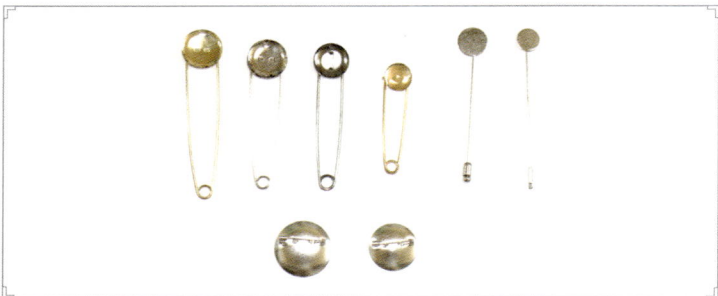

브로치 뒷장식은 일반적인 동그란 형태와 옷핀형, 부토니에형 등 다양한 모양이 있습니다.

비드매트

보송보송해서 구슬이 굴러가지 않아 작업할 때 매우 유용한 소품이에요.

다양한 머리 장신구 부자재

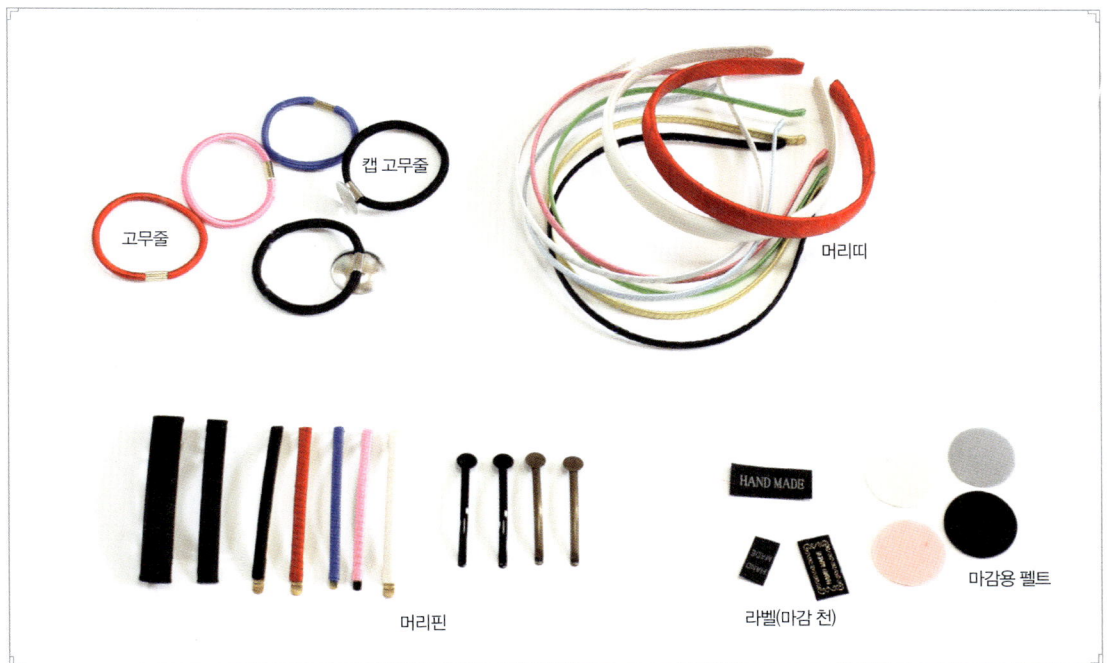

바느질 도구

랑랑 강좌에는 바느질로 만들어지는 작품들도 있어요. 사진의 도구와 재료들은 규방공예에 기본적으로 사용되는 도구예요.
도구와 재료는 모두 가지고 있으면 편하지만 이 책에 소개되는 작품들은 집에 있는 바늘, 실만 갖고도 충분히 만들어볼 수 있어요.

재료 구입처

저는 학생들에게 시간적 여유가 없는 경우를 제외하고는 무조건 시장으로 나가서 직접 보고 구매하라고 권합니다. 인터넷 주문보다는 직접 눈으로 보고, 만져보고, 비교하고 발품을 팔아야만 그 시간만큼 재료 보는 눈도 생기고 재료에 꼭 맞는 부속을 찾아 구성하는 응용력도 생긴답니다. 시장 구경만 해도 커다란 공부가 되니 부지런히 돌아다니세요.

• 광장시장

광장시장에서는 비단과 모시, 면직물을 비롯한 다양한 직물들을 구매할 수 있어요. 구관과 신관이 있는데요, 저는 주로 구관에서 비단을 구매해요. 한복을 지을 원단을 판매하는 곳이라 근방에 금박을 파는 곳도 함께 있지요. 시장 구경도 하고, 다리가 아파오면 광장시장의 명물인 녹두 빈대떡과 마약김밥도 맛보며 쉬엄쉬엄 구경하세요.
가는 법 1호선 종로 5가역 7번 출구

• 동대문 종합상가

이 책에 사용된 대부분의 재료들은 동대문 종합상가에서 구매할 수 있어요. 액세서리 제작에 관한 모든 재료, 부자재, 도구들이 이곳에 모여 있다고 보면 됩니다.
5층 A동, B동에 모여 있습니다. 남대문과 달리 소매로 운영되기 때문에 구슬 하나, 금속장식 하나를 사더라도 친절하게 응대하니 부담 없이 방문하세요.
제일문구점(A동 5025) 이곳에서는 에폭시를 비롯하여 글루건, 펼집게, 구자말이 집게 등 기본적인 도구들을 구매할 수 있어요.
가는 법 1, 4호선 동대문에서 9번 출구

랑랑이 추천하는 곳

전통과 현대의 만남, 박물관과 갤러리의 문화상품점을 방문하자!

국립중앙박물관 및 국립중앙박물관 문화상품점
국립중앙박물관은 선사시대부터 조선시대까지 우리나라의 유물을 한눈에 살펴볼 수 있는 최고의 전시공간이에요. 저도 가끔씩 들르면서 작업에 많은 영감을 얻는답니다. 교재에 소개된 곡옥 목걸이와 황제 허리띠 장식 응용 팔찌도 박물관의 전시 유물을 보고 아이디어를 얻어 제작한 거예요. 국립중앙박물관에 가면 놓치지 말고 꼭 방문해야 할 곳이 바로 박물관 안에 위치한 문화상품점이에요.

국립중앙박물관 문화상품점은 쉽게 구매할 수 있는 기념품과 더불어 전통을 현대적 감각으로 재구성하는 공예작가들의 고급스러운 장신구와 수공예품들도 함께 구성되어 있어요. 전통의 이미지를 세련되게 구현한 신선한 감각이 반영된 작품들은 구경만으로도 많은 아이디어를 줍니다.

위치 4호선, 중앙선(덕소–용산) : 이촌역 2번 출구

KCDF Gallery Shop
(공예디자인문화진흥원 갤러리 '숍')
인사동에 위치한 공예디자인문화진흥원의 'gallery shop'은 전통공예의 창조적 전승을 위해 무형문화재 작가와 신진 작가들의 디자인 공예품을 전시·판매하는 공간입니다. 전통공예의 대중화에 힘쓰고 있는 훌륭한 장인들의 작품과 전통을 현대적 감각으로 참신하게 재해석한 신진작가들의 공예 작품을 한 자리에서 만나볼 수 있어요.

위치 3호선 안국역 6번 출구로 나와 인사동 골목으로 들어와서 인사아트센터 옆 골목, 관훈갤러리 닿은편에 위치

국립민속박물관
경복궁에 위치한 국립민속박물관은 한국인의 전통 생활상을 한눈에 파악할 수 있는 생활문화 박물관이에요. 문화상품점에서도 다양하고 참신한 기념품 및 생활 소품 등을 만나볼 수 있어요.

위치 3호선 안국역 1번 출구로 나와 직진하여 안국동 사거리를 지나 동십자각에서 우측 삼청동 길을 따라 직진하다 보면 좌측에 국립민속박물관의 정문이 보여요.

국립고궁박물관
경복궁에 위치한 고궁박물관은 왕실의 문화재들을 감상할 수 있는 박물관이에요. 왕실의 복식에서부터, 생활용품, 가구까지 전 분야에 걸친 왕실의 생활과 문화를 엿볼 수 있는 흥미로운 전시공간입니다. 우리나라의 근대기인 대한제국 시기의 유물들을 살펴볼 수 있어서 더욱 흥미롭습니다.

위치 3호선 경복궁역 5번 출구에서 도보 2분

서울역사박물관
말 그대로 서울역사박물관은 서울의 역사를 한눈에 살펴볼 수 있는 박물관입니다. 3층 전시실에는 조선시대 때 한양부터 개항을 거쳐 대한제국기의 서울, 일제강점기와 해방 후 고도성장을 거쳐 현재에 이르기까지 서울의 역사가 파노라마처럼 펼쳐집니다. 박물관을 나서면 마치 대하소설 한 권을 읽고 나온 듯 마음 한켠이 뭉클해진답니다. 1층의 왼쪽 전시실에는 특별전시가 진행되고 오른쪽 전시실에선 기증유물이 전시중이니 놓치지 말고 모두 관람하세요.

위치 5호선 광화문역 7번출구로 나와 새문안로를 따라 직진합니다. 새문안교회와 구세군회관을 지나면 바로 우측에 서울역사박물관이 보여요.

대한민국역사박물관
서울역사박물관이 서울의 역사를 한눈에 살펴볼 수 있는 곳이라면 대한민국역사박물관은 조선이 세계에 문호를 개방한 1876년부터 현재에 이르기까지 대한민국의 발전과정을 한눈에 살펴볼 수 있는 박물관이에요. 3층 전시실에서는 강화도조약을 통한 문호개방부터 일제 강점기를 거쳐 독립에 이르는 시기가 전시되고요, 4층은 대한민국 정부수립과 6.25 전쟁 관련 내용이 전시되고있습니다. 5층은 새마을 운동을 비롯한 고도의 경제성장과 민주화운동, 대한민국의 미래비전에 관한 전시가 진행됩니다. 이렇게 3,4,5층은 상설전시고요, 1층에서는 기획전시가 진행됩니다.

위치 5호선 광화문역 2번출구(약 250m)

북촌 공방에서 장인의 숨결을 느껴보자!

금박연(금박공방)
금박연은 조선 철종조(1849~1863) 때 1대(代)를 시작으로 현재 김기호 내외에 이르기 까지 장장 5대에 걸쳐 가업을 잇고 있는 왕실전속 금박장인의 후예가 운영하고 있는 금박공방이에요. 북촌의 한 고즈넉한 한옥에 위치한 금박연에서는 금박작품들을 구경할 수 있고요. 사전 예약하면 금박작업도 체험해 볼 수 있어요.
위치 3호선 안국역 2번 출구, 북촌로를 따라 올라가다가 동림 매듭 공방 골목으로 들어가서 오른쪽 골목에 위치

연우(침선공방)
연우는 한복을 고증하고 재현하는 안인실 선생님의 침선공방으로 공방겸, 한옥에서 한복을 짓는 수업이 진행됩니다. 모델하우스처럼 겉모양만 그럴듯한 새로 지은 한옥이 아니라 사람의 온기와 세월의 때가 고스란히 남아 있는 진짜 가정집에서요. 사전 예약하면 댕기 만드는 수업도 진행되니 체험해보세요.
위치 3호선 안국역 2번 출구, 북촌로를 따라 올라가다가 뮤제 아시아를 지나쳐 오른쪽 언덕에 위치

뮤제 아시아
뮤제 아시아는 이름만 들으면 아시아 관련 박물관이라 오해할 수도 있는데 자체적인 소품뿐만이 아니라 한국적인 정체성과 독창성을 갖춘 작가의 작품을 전시 및 판매하는 생활소품 상점이에요. 전통을 모던한 감각으로 잘 풀어낸 아름다운 작품들을 구경할 수 있어요.
위치 3호선 안국역 2번 출구, 북촌로를 계속 따라 올라가다가 북촌로 오른쪽에 위치

동림매듭공방
동림매듭공방은 매듭기능전승자인 심영미 님이 운영하는 곳으로 조선궁중에서 매듭 일을 한 시왕고모에서 며느리까지 4대에 걸쳐 매듭의 대를 잇고 있는 곳이에요. 박물관의 유물 재현, 복원작업뿐만이 아니라 일일 매듭 체험부터 전문가 양성교육까지 진행이 되고 있으니 매듭에 관심 있는 분이라면 방문해보세요.
위치 3호선 안국역 2번 출구, 북촌로를 따라 올라가다가 오른쪽 골목에 위치

그 외에도 가보면 좋은 곳

숙명여자대학교 정영양 자수박물관
박물관에 소장된 옷들은 정영양 박사의 자수작품과 더불어 희귀한 동아시아 복식들로 구성되어 있어요. 실제로 작품을 감상하게 되면 그 정교함과 화려함, 뛰어난 색감, 섬세함에 시간을 잊고 빠져들게 된답니다. 자수와 전통장신구, 전통의상에 관심 있는 분들이라면 꼭 한 번 방문해볼 것을 추천합니다. 같은 건물에 위치한 전통박물관과 문신갤러리, 청파갤러리도 함께 둘러보세요..
위치 4호선 숙대입구역 8번 출구 도보 10분

보나 장신구박물관
선조들의 공예품과 민속품, 생활소품을 감상할 수 있는 박물관입니다. 조선시대의 여자 장신구와 중국 장신구를 많이 소장하고 있고 간간이 흥미로운 소장품 특별전도 진행이 되고 있어요.
위치 3호선 안국역 6번 출구로 나와 인사동 골목의 관훈 갤러리 원편에 위치

한국 자수박물관
자수와 더불어 규방 공예에 관한 다양한 생활소품들을 만나볼 수 있는 전시공간입니다.
위치 7호선 학동역 10번 출구, 도보 2분

세계 장신구박물관
우리나라 장신구와 생활소품을 구경해보았다면 이번엔 세계의 다채로운 장신구를 구경해볼까요?
세계 장신구박물관은 아시아뿐만이 아니라 유럽, 아프리카 등 우리가 쉽게 접할 수 없는 이국적인 장신구를 한눈에 살펴볼 수 있는 흥미로운 박물관입니다. 나라마다 고유의 민족색을 담고 있는 다양한 전통장신구를 살펴보면서 우리나라 장신구와 비슷한 점과 차이점을 비교해보는 것도 큰 공부가 됩니다.
위치 삼청 파출소에서 왼쪽 골목을 따라 걷다보면 왼쪽 골목 초입에 위치

기초 과정

액세서리 제작의 기본인 구자말이와 동선말이, 작업반지 활용법을 비롯하여
랑랑 장신구의 기본적인 기법인 용수철 만들기를 배우게 됩니다.
기초 과정의 기본기만 잘 다져도 어떤 장신구든 자유롭게 제작할 수 있게 됩니다.

구자말이 하는 법

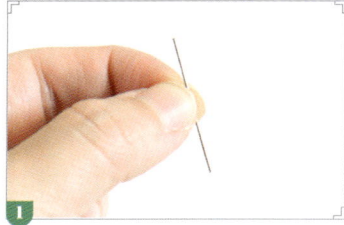

1. T핀을 준비해주세요.

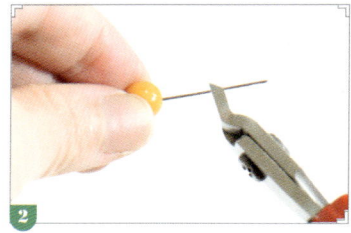

2. 원석을 T핀에 끼워주세요.

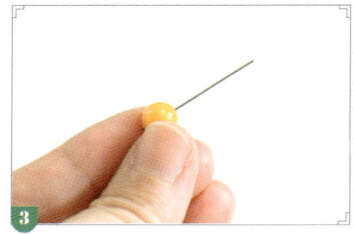

3. 핀대를 적당한 길이로 잘라주세요. 적당하다는 말이 좀 애매하긴 하지만 링을 크게 만들려면 핀대를 길게, 링을 작게 만들려고 하면 핀대를 짧게 잘라주어야 하기 때문에 길이를 규격화 시킬 수가 없답니다. 충분히 연습한 후 감으로 잘라야 합니다.

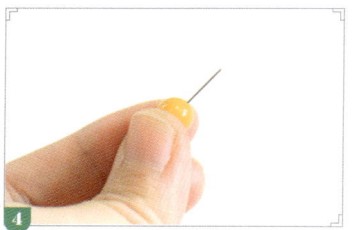

4. 핀대가 잘렸습니다.

5. 구자말이집게로 핀대 끝에서부터 원석까지 집게를 돌려 말아주세요.

6. 원석을 살짝 밀어주면 기둥이 살짝 세워진 예쁜 고리가 만들어집니다.

7. 사진처럼 고리가 완성되었습니다.

8. 구자말이가 완성되었습니다.

9핀으로 구자말이 연결하는 법

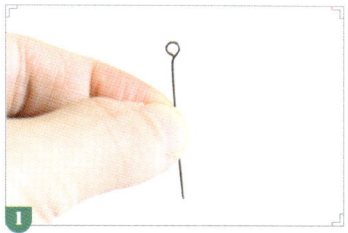

이번에는 9핀을 준비해주세요.

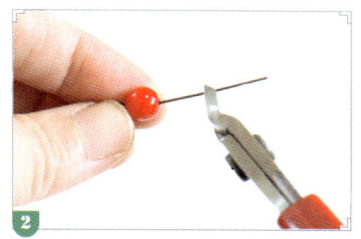

9핀에 원석을 넣고 핀대를 적당한 길이로 잘라주세요.

사진처럼 잘렸죠?

구자말이 하는 법과 똑같아요. 구자말이집게로 핀대의 끝부분부터 원석까지 동그랗게 말아주세요.

그리고 원석을 살짝 앞으로 밀어주세요.

양쪽으로 링이 만들어졌습니다.

평집게로 링의 끝부분을 살짝 들어 올려주세요. 이때 미리 만들어진 9핀의 링보다 본인이 만든 링을 열어주면 더 부드럽게 열린답니다.

벌어진 링에 미리 만들어놓은 구자말이한 원석의 링 부분을 건 후 평집게로 닫아주세요.

2개가 연결되었어요.

동선말이 하는 법

1. 동선의 3~4cm 아랫부분을 라운드집게로 집어주세요.

2. 동선을 라운드집게에 한 바퀴 감아주세요.

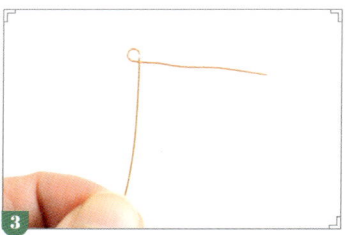
3. 바로 이런 모양이 나오게요.

4. 동선의 교차점 바로 윗부분을 집게로 집어주세요.

5. 짧은 쪽 동선을 잡고 시계 방향으로 감아 내려주세요. 이때 무작위로 둘둘 마는 게 아니라 아래로 차곡차곡 쌓아 내려가듯이 깔끔하게 감아주세요.

6. 두세 차례 감으면 이런 모양이 됩니다.

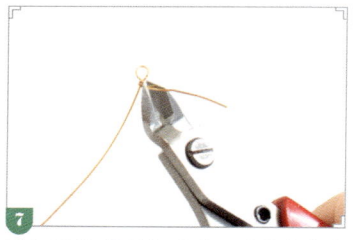
7. 남은 짧은 동선은 니퍼로 깔끔하게 잘라주세요.

8. 링이 삐뚤어졌다면 평집게로 모양을 똑바로 잡아주세요.

9. 예쁘게 올가미 하나가 완성되었어요.

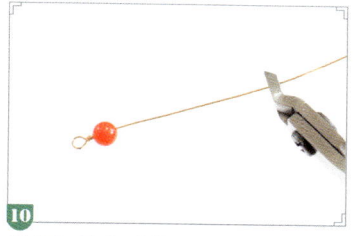

⑩ 원석을 하나 끼워주고 동선말이할 길이만큼 동선을 니퍼로 잘라주세요.

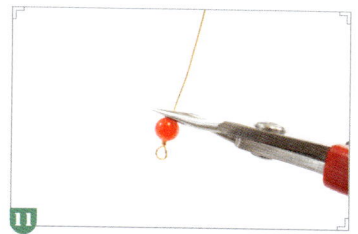

⑪ 원석의 바로 윗부분을 라운드집게로 집어주세요.

⑫ 처음 동선말이할 때와 똑같아요. 그래도 다시 반복해볼까요? 동선을 라운드집게에 감아주세요.

⑬ 그 상태에서 집게를 떼지 말고 동선을 시계 방향으로 감아주세요.

⑭ 왼쪽으로 갔다가 오른쪽으로 갔다가 하면서요. 이때 살짝 잡아당기면서 감아줘야지 단단하고 예쁘게 감겨져요.

⑮ 탄탄하게 감겨졌죠?

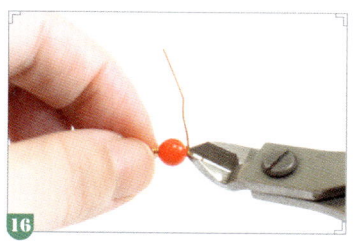

⑯ 남겨진 부분은 니퍼로 깔끔하게 잘라주세요.

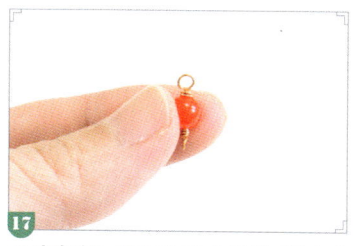

⑰ 동선말이로 양쪽에 링이 완성되었습니다.

⑱ 동선말이 완성!

동선말이 연결하는 법

1. 동선말이하는 법을 익혔으면 이제 동선말이한 원석을 연결시켜볼까요? 동선말이로 이렇게 올가미까지 만들어주세요.

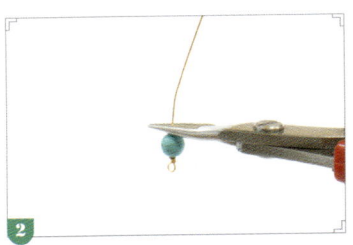

2. 원석을 하나 넣고 원석 바로 위를 라운드집게로 집어주세요.

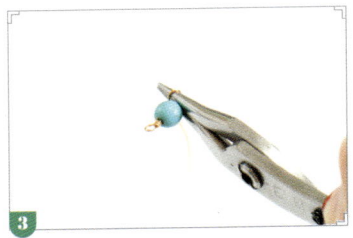

3. 동선을 동선말이 할 때와 똑같이 라운드집게에 한 바퀴 돌려주세요.

4. 바로 이렇게 링이 만들어지게요.

5. 이미 동선말이한 원석의 링을 새로 만든 링의 벌어진 틈으로 끼워 달아주세요.

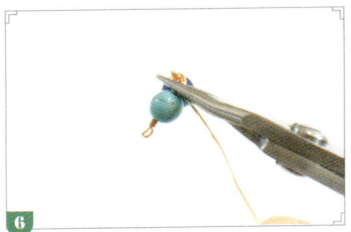

6. 그 상태에서 동선의 교차점 바로 위에서 라운드집게로 잡고 동선을 시계 방향으로 돌려가며 감아주세요.

7. 고리가 연결되었어요.

8. 완성

용수철 만들기 & 떨잠의 떨새 만들기

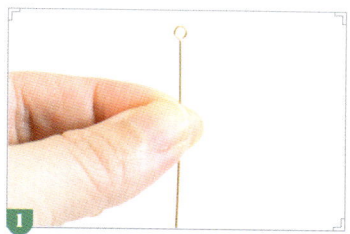
1
긴 핀대의 9핀을 준비해주세요.

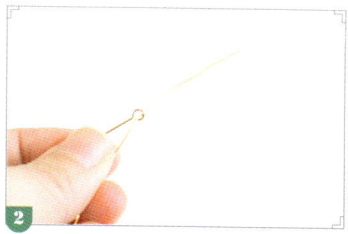
2
동선을 9핀의 링 부분에 3~4cm 위로 나오도록 끼워주세요.

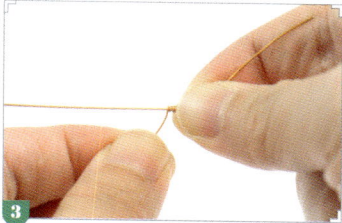
3
링과 동선을 오른손으로 꼭 잡은 후 왼손으로 긴 동선을, 오른쪽에서 왼쪽으로 차곡차곡 감아주세요.

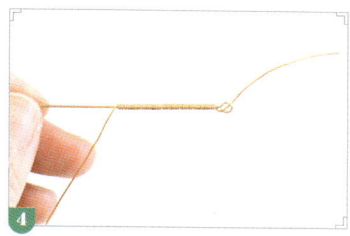
4
원하는 길이만큼 용수철을 감아주세요.

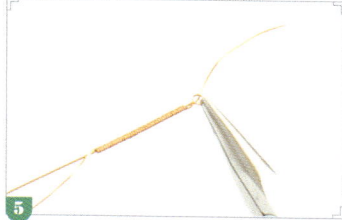
5
평집게로 9핀의 링 부분을 살짝 들어올려주고 용수철 끝을 잡아당기면 쏘옥 빠져나옵니다.

6
용수철이 하나 완성되었어요. 이 용수철은 떨잠의 떨새 용도로 사용이 될 거예요. 그럼, 이제 떨새를 만들어볼까요?

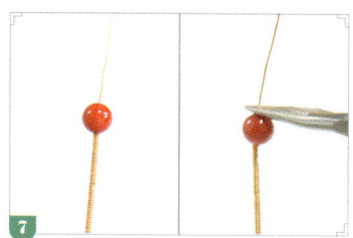
7
용수철의 어느 쪽에든 원석을 끼워주세요. 라운드집게로 원석의 바로 윗부분의 동선을 집어주세요.

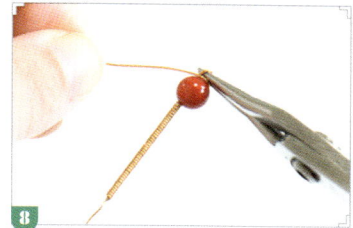
8
동선말이하듯 동선을 라운드집게에 한 차례 감은 후 시계 방향으로 차곡차곡 감아주세요.

9
동선을 잡아당기면서 두세 번 감아주세요. 동선말이로 떨새를 만들 때는 집게의 끝이 뾰족한 라운드집게를 사용해서 집게의 앞부분으로 감아 링을 될수록 작게 만들어주세요.

링이 만들어졌어요.

남겨진 동선은 니퍼로 깔끔하게 잘라 주세요.

완성되었어요.

고정볼(누름볼)과 올챙이 사용법

고정볼과 올챙이는 목걸이나 팔찌의 마감장식으로 많이 쓰이는 부자재예요. 튼튼하게 고정시키고, 깔끔하게 마감해주는 장점이 있죠. 낚싯줄이나 피아노선에 올챙이를 넣어주세요.

다음에 고정볼을 넣어주세요.

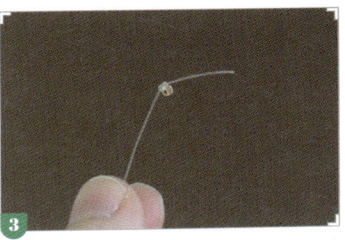
낚싯줄을 고정볼과 함께 한 차례 묶어 주세요.

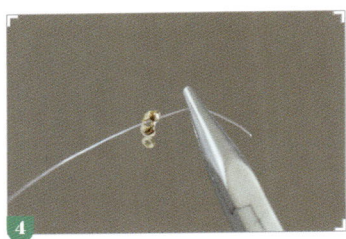
평집게로 고정볼을 꾸욱 눌러주세요.

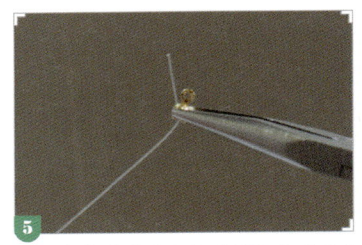
고정볼이 납작해지면 낚싯줄이 빠지지 않아요. 올챙이를 평집게로 오므려 달 아주세요.

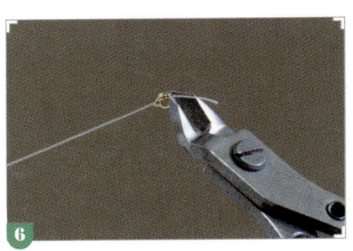
남겨진 낚싯줄은 잘라주고요.

7

완성! 깔끔하게 만들어졌습니다.

작업반지 활용법

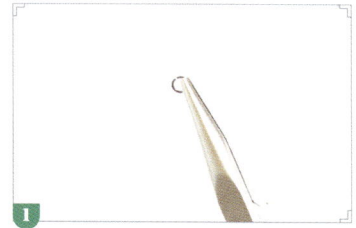

1

평집게로 오링을 집어주세요.

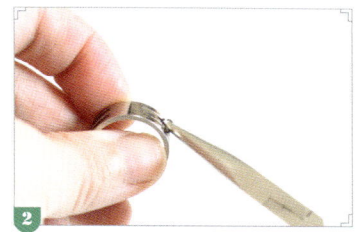

2

작업반지의 여러 홈 가운데 오링 굵기에 맞는 홈에 넣고 작업반지를 비틀면 오링이 벌어지게 됩니다.

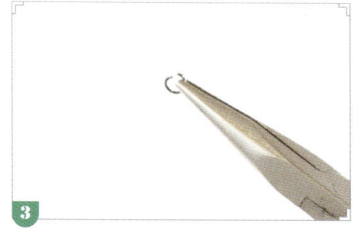

3

사진처럼 이렇게 된답니다. 반대 방향으로 오링을 비틀면 닫아지고요.

동일한 길이로 체인 자르기

1

동일한 길이로 체인을 자를 때는 9핀이나 T핀에 원하는 길이의 체인을 끼우고 잘라줄 체인을 끼운 후 들어 올려 잘라주면 정확한 길이로 자를 수 있습니다.

PART 1
랑랑 사대부 부인 과정

기초 다지기

여러분은 어떻게 이 책과 마주하게 되었나요? 얼굴도 모르는 여러분이지만 어떤 분들이 제 책을 보고 계실까 궁금한 맘이 든답니다. 제가 금속과 주얼리 작업을 하다가 전통 장신구의 세계로 운명적으로 빠져들었듯이 여러분과 제 책 사이에서도 어떤 인력과 인연이 분명히 작용했을 거예요. 제 블로그나 매체에 소개된 작품 사진을 보고 배우러 오는 분들을 만날 때면 신기하게도 저와 성향이 비슷한 분들이 많아서 놀라곤 한답니다. 작품을 보고 예쁘다는 감각적인 반응을 거쳐 배우겠다는 의지를 갖고 행동으로 옮기기까지 커다란 에너지가 작용한 것이기에 강의 때 만나는 한 분, 한 분이 저에게는 특별하게 다가옵니다. 그리고 이 책을 선택한 여러분에게도 같은 마음이 듭니다. 비록 여러분을 직접 볼 수는 없지만 바로 옆에서 가르쳐드리듯 차근차근 설명해드릴게요. 자, 그럼 시작해볼까요?

떨잠 머리핀

떨잠은 왕비와 귀족여인들이 예복을 입고 큰머리, 어여머리를 할 때 가체에 장식했던 머리 장신구예요. 떨잠은 랑랑 장신구의 색깔을 가장 잘 드러내는 모티브이기도 하고요. 그래서 우리에게는 좀 생소하지만 과감하게 첫 과정으로 떨잠 머리핀 만들기를 소개하였답니다. 떨잠은 부유하고 지체가 높은 특권층만 누릴 수 있는 장신구였기 때문에 그만큼 매우 정교하고 화려하게 제작이 되었어요. 떨잠은 가체의 앞 중심과 양옆에 꽂아 장식했는데요, 움직임에 따라 바르르르 섬세하게 흔들리는 용수철은 떨잠의 주된 모티브로 떨새라고도 불려요. 가는 용수철 끝에는 벌, 꽃, 새, 나비장식 등이 부착되어 있어 그 섬세함과 예술성에 있어서 머리 장신구의 백미라고 할 수 있습니다. 이렇게 아름답고 독창적인 선조들의 예술 작품을 박물관에서만 볼 게 아니라 직접 만들어서 착용해보는 건 어떨까요? 직접 손으로 말아 떨잠의 용수철도 제작해보세요. 전통을 매만지고 실용성을 추가해서 나만의 개성을 한껏 드러내는 특별한 장신구를 제작해보세요.

READY

· 강좌 개요

동선을 감아 용수철을 만드는 법과 용수철에 원석과 자개를 구성하여 떨새를 표현하는 법, 1:1 접착제 에폭시 사용법을 배웁니다.

· 재료

꽃자개 큰 것 1개, 작은 것 3개, 진주 2개, 왕골 1개, 오닉스 2개, 산호 5개, 핀 부속, 라벨(마감천), 동선(0.3~0.4mm)

- 용수철을 감는 동선의 굵기는 0.3~0.4mm가 적당해요. 바르르 떨리는 느낌이 살아나게 하려면 0.3mm로 하세요. 0.4mm 동선은 흔들리는 감은 덜 하지만 0.3mm보다 훨씬 튼튼해서 세게 잡아당겨도 웬만해서는 잘 늘어나지 않아요.
- 용수철을 길게 만들수록, 또는 동선이 얇을수록 떨림의 정도가 강해요. 역시 용수철 위를 장식하는 원석이 크면 클수록 떨림이 강해집니다. 구성하는 요소에 따라 미묘한 차이가 있으니 동선의 굵기를 다양하게 시도해가면서 제작해보세요.

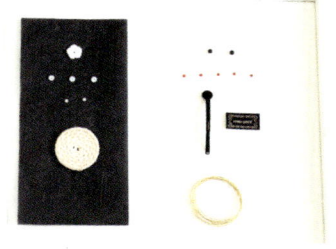

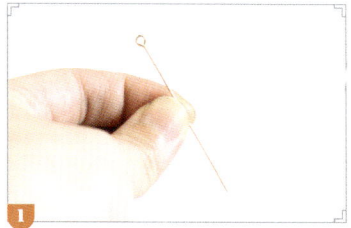

1. 긴 9핀을 준비해주세요(기초 과정 용수철 만들기&떨잠의 떨새 만들기 참조).

2. 0.3mm 동선을 9핀의 구멍에 4~5cm 정도 나오게 끼워주세요.

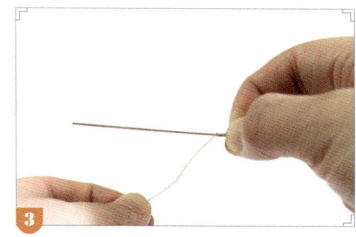

3. 9핀의 머리 부분과 동선을 맞잡은 후, 긴 동선을 감아주세요. 둘둘 무작위로 감는 게 아니라 동선이 겹치지 않게 벽돌 쌓듯이 차곡차곡 깔끔하게 감아 내려가세요.

4. 용수철이 감겨진 모습입니다. 용수철은 원하는 길이만큼 감아주고요, 위아래의 동선은 4~5cm가량 남겨주세요.

5. 용수철을 다 감았으면 9핀의 링 부분을 평집게로 살짝 들어 올려주세요.

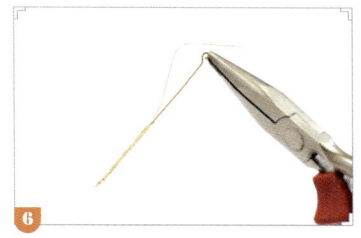

6. 평집게로 링을 들어올린 후, 용수철의 끝부분을 쏘옥 잡아당기세요.

7. 용수철이 빠져나온 모습입니다. 위아래의 여분이 있는 용수철이 완성되었습니다.

8. 이런 방법으로 2개는 좀 더 길게, 3개는 좀 더 짧게 하여 용수철을 총 5개 만들어주세요.

9. 짧은 용수철에 작은 꽃자개와 산호 순서대로 끼워줍니다.

10 용수철에 구성된 유닛들을 동선말이로 고정시킬 거예요. 라운드집게로 산호 바로 위 지점을 집어주세요(기초 과정 용수철 만들기&떨잠의 떨새 만들기 참조).

11 윗부분의 동선을 라운드집게에 한 바퀴 돌려 링을 만들면서 점차 아래로 내려가며 동선을 감아주세요. 자, 위쪽의 동선을 밑으로 내려 왼쪽으로 돌려주시고요.

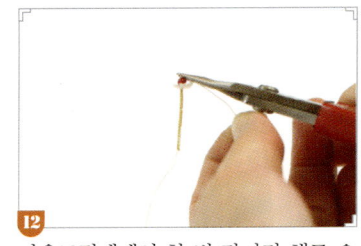

12 라운드집게에서 한 번 감겨진 채로 오른쪽으로 돌리고요.

13 다시 왼쪽으로 감아가며 시계 방향으로 3~4차례 감아주세요.

14 그럼 이렇게 완성이 될 거예요. 예쁜 고리 모자 하나가 완성되었네요.

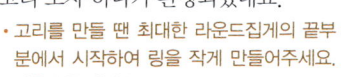

• 고리를 만들 땐 최대한 라운드집게의 끝부분에서 시작하여 링을 작게 만들어주세요. 작을수록 예뻐요.

15 남겨진 동선은 니퍼로 깔끔하게 잘라주세요.

16 이번에는 긴 용수철에 오닉스, 담수진주, 산호 순서대로 끼워주세요.

17 마찬가지로 동선을 라운드집게에 대고 감아 작은 링을 만들어주세요.

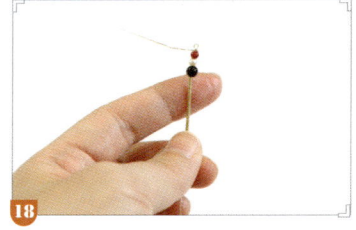

18 3~4차례 감아주었으면 집게를 빼주세요. 예쁜 고리 하나가 완성되었어요.

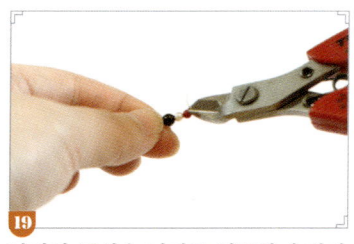

19 남겨진 동선은 니퍼로 깔끔하게 잘라주세요.

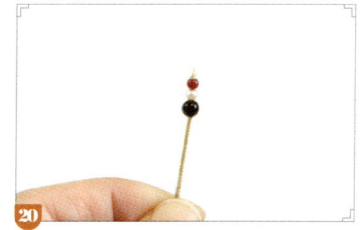

20 오닉스, 담수진주, 산호로 구성된 떨새 하나가 완성되었어요.

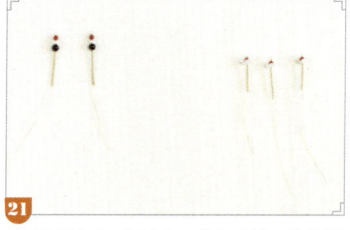

21 긴 동선으로 오닉스, 담수진주, 산호를 구성하여 2개, 짧은 동선으로 꽃자개, 산호를 구성하여 3개를 만들어주세요.

22 모두 완성되었으면 가운데에 장식할 큰 꽃자개의 구멍에 각 유닛들의 용수철 하단의 동선을 모두 끼워주세요.

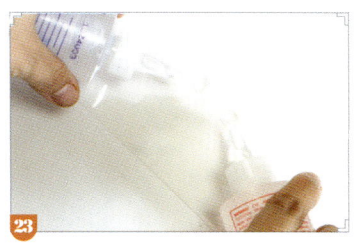
23 5분 에폭시를 같은 양으로 짜주세요.

24 두 액체를 잘 섞어주세요. 에폭시는 처음엔 액체 상태이지만 두 액체를 잘 섞은 후, 5분이 지나면 완전히 굳게 됩니다.

25 이쑤시개로 섞은 에폭시를 떠서 꽃자개의 뒷면에 고르게 펴서 발라주세요.

26 용수철의 동선이 삐져나온 뒷부분의 왕골 구멍에도 구석구석 잘 발라주세요.

27 5분 에폭시는 섞은 후, 20여 분이 지나면 완전히 굳게 되요. 다 말랐으면 니퍼로 왕골에 닿는 동선들을 바짝 잘라주세요.

28 깔끔하게 잘려진 모습이에요. 정말 잘 굳었죠?

29 이번엔 핀 부속을 부착시킬 차례예요. 핀 부속에 마감 천(라벨)을 끼운 후, 글루건을 쏘아주세요.

30 왕골에 꾹꾹 눌러 부착시키면 끝!

31 완성되었어요.

만드는 방법은 꽤 길고 번거롭지만 너무 예쁘죠? 용수철 하나하나 내 손으로 직접 감아 만든 작품이기에 훨씬 성취감과 애착이 생긴답니다. 여러분도 도전해보세요.

전통 옥귀걸이

시작부터 떨새를 만드느라 좀 어려우셨나요?
이번에는 액세서리 제작에 필수적인 기법인 구자말이 하는 법을 배워보도록 해요.
구자말이는 T핀과 9핀 같은 핀대를 사용하여 구슬에 링을 만드는 매우 유용한 기법이에요.
구자말이 하나만 익혀도 웬만한 목걸이나 팔찌는 뚝딱 손쉽게 완성할 수 있답니다.
자, 들어가기에 앞서 옛날 사람들은 어떤 귀걸이를 착용했을까요?
궁금하지 않나요? 고분에서 출토된 귀걸이는 금으로 만든 귀걸이를
주로 볼 수 있는데요. 금이 발견되기 전까지는 옥이 최고의 보석으로 여겨졌어요.
옥은 조선시대에 와서도 귀한 것으로 여겨져서 왕이 사용하는 도장을
옥새, 왕이 앉는 의자를 옥좌라고 부를 정도로 권위와 신분을 상징하는
보석이었답니다. 실제로 장신구에도 옥이 재료로 많이 사용되었습니다.
우리도 전통 재료인 옥을 사용해서 전통색이 물씬 느껴지는 귀걸이를 제작해볼까요?

READY

• 강좌 개요

옥과 자마노, 라피스 라줄리 원석과 전통문양 금형을 조합하여 전통색이 느껴지는 귀걸이를 제작해봅니다. 액세서리 제작의 기본인 구자말이하는 법과 작업반지로 오링을 여닫는 방법을 익힙니다.

• 재료

옥, 자마노, 라피스 라줄리, 비즈캡, 꽃 문양 금형장식, 나뭇잎 금형장식, 귀걸이 은침, 9핀(긴 것 2개), T핀 2개, 오링

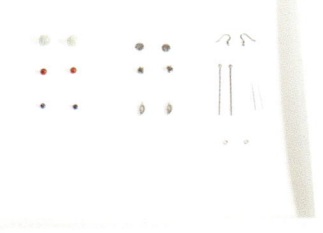

1 긴 9핀에 꽃 문양 금형장식, 비즈캡, 옥, 자마노 순서대로 끼워준 후 핀대를 적당히 잘라주세요.

2 구자말이집게로 말아 링을 만들어줍니다.

3 사진처럼 양쪽에 링이 달린 모양이 완성되었어요.

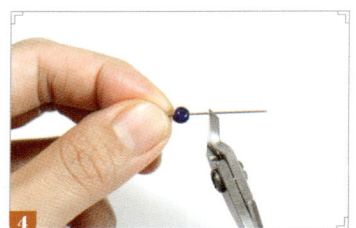

4 이번에는 라피스라줄리를 T핀에 넣은 후 구자말이할 길이를 남기고 핀대를 잘라주세요.

5 구자말이집게로 구자말이해서 링을 만들어주세요.

6 링이 하나 만들어졌어요.

7 나뭇잎 금형장식에 오링을 걸어주세요.

8 그 상태로 같은 오링에 구자말이한 라피스 라줄리를 걸어주세요.

9 그 상태로 자마노의 오링에 걸어주세요.

10 그리고 작업반지로 오링을 닫아주세요.

11 사진처럼 귀걸이 모양이 거의 완성되었어요.

12 은침의 고리 부분을 평집게로 벌려주세요.

13 은침의 벌려진 부분을 상단의 링에 건 후, 평집게로 닫아주세요. 한쪽 귀걸이가 완성되었어요.

14 같은 방식으로 다른 쪽 귀걸이를 완성해주세요. 참 쉽죠?

찰랑찰랑 전통반지

구자말이 하는 법을 맛보기로 배웠다면 이젠 확실히 익혀볼 수 있는 시간이에요.
다양한 원석을 모두 구자말이해서 하나하나 반지대의 링에 걸어줄 건데요.
산호, 자마노, 오닉스와 같은 원석은 단지 색상만으로도
전통색이 물씬 느껴진답니다. 원석끼리 맞부딪히며 찰랑거리는 소리가
기분 좋은 느낌을 더하지요. 이젠 구자말이에 자심감이 생기면서 손으로 만드는
액세서리에 슬슬 재미가 붙게 되는 단계예요. 자, 그럼 시작해볼까요?

READY

- **강좌 개요**
  구자말이한 각 유닛을 링이 여러 개 달린 반지에 구성하는 법을 익힙니다. 다양한 원석을 구성하여 움직임에 따라 찰랑거리는 반지를 만들어봅니다.

- **재료**
  오닉스, 자마노, 산호, 반지대(링이 6개 달린), 나뭇잎 금형장식, 오링 4개, T핀 여러 개

1 T핀에 오닉스를 끼운 후 구자말이집게로 구자말이해서 10개를 만들어주세요.

2 T핀에 자마노를 끼운 후 구자말이집게로 구자말이해서 7개를 만들어주세요.

3 T핀에 산호를 끼운 후 구자말이집게로 구자말이해서 4개를 만들어주세요.

4 구자말이한 사진입니다. 오닉스 10개, 자마노 7개, 산호 4개가 모두 구성되었어요.

5 6개의 링이 달린 반지대에 구자말이한 모든 유닛들을 평집게로 링을 벌려 달아줍니다. 별도의 오링을 사용하지 않고 구자말이한 링을 벌려서 걸어줍니다.

6 나뭇잎 금형장식에는 오링을 걸어주세요.

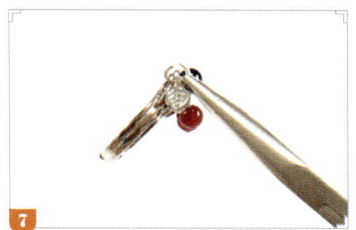

7 반지대의 링에 오링을 걸어주세요.

8 이처럼 나뭇잎 금형장식은 오링에 건 후 곧바로 반지대의 링에 걸고 작업반지를 사용하여 평집게로 닫아줍니다.

9 중간 과정입니다. 각 유닛들을 자유롭게 반지대의 링에 걸어줍니다. 하나의 링에 2~3개의 유닛을 풍성하게 구성해주세요.

10 완성된 모습입니다.

동선말이 나비 귀걸이

구자말이와 더불어 액세서리 제작에 무척 중요한 동선말이를 배워볼 시간이에요.
동선말이, 은선말이 또는 와이어말이라고도 불리는데요, 가장 널리 쓰이는
동선말이로 통일해서 지칭할게요. 동선말이는 구슬의 구멍이 너무 크거나 작은 경우,
체인의 구멍이 작아서 오링이 들어가지 않을 경우에 무척 유용하게 사용되는
기법이에요. 가는 동선으로 감겨져서 무척 견고하고 튼튼하면서도 섬세하기까지 해서
액세서리 제작에 제격이랍니다. 구자말이와 동선말이만 잘 익혀도 대부분의 액세서리는
큰 무리없이 제작할 수 있어요. 우리는 나비 모양의 금형을 사용해서 동선말이
귀걸이를 제작해볼 건데요. 예로부터 나비는 장수와 부부의 금슬을 상징해서
혼수품과 혼례 의상에 많이 사용되었어요. 뿐만 아니라 모양까지 예뻐서 옛 여인들의
장신구와 가구장식 문양, 그림에도 나비 문양이 자주 사용되었답니다.
나비는 번창과 번식, 다산과 행운 등 길상의 의미로 여겨졌다고 해요. 예쁜 모양과
더불어 좋은 의미까지 두루 갖추고 있는 나비장식으로 예쁜 귀걸이를 제작해보세요.

READY

• **강좌 개요**

동선말이로 각 유닛들을 연결시키는 법을 배웁니다. 동선으로 유닛을 감아서 고정시키는 동선말이 기법은 무게감도 적고, 유닛이 빠져나갈 염려가 없어서 구슬을 견고하게 고정시키는 데 매우 유용한 기법입니다.

• **재료**

나비 금형장식, 나뭇잎 금형장식, 자마노, 담수진주 작은 것과 큰 것, 귀걸이 은침, 9핀, 오링, 동선(0.3~0.4mm)

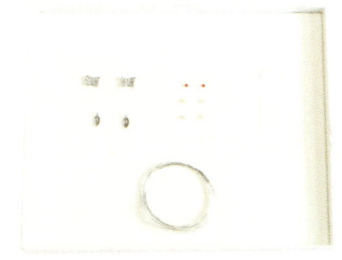

1 9핀에 자마노, 나비 금형장식을 끼워줍니다.

2 구자말이집게로 구자말이하여 링을 만들어줍니다.

3 동선 4~5cm 아래 지점을 라운드집게로 집어줍니다(기초 과정 동선말이 연결하는 법 참조).

4 위의 동선을 라운드집게에 한 번 감아주세요.

5 사진처럼 고리가 하나 생겼습니다.

6 고리를 살짝 벌려 나비 금형장식 아랫부분의 링에 걸어줍니다. 사진처럼 고리가 링에 걸렸습니다.

7 동선이 교차하는 바로 윗부분을 평집게로 집어줍니다. 시계 방향으로 동선말이해주고, 짧은 동선은 니퍼로 깔끔하게 잘라줍니다.

8 링이 만들어졌습니다. 마치 올가미처럼 보이죠?

9 링이 달린 동선에 담수진주를 끼운 후 같은 방식으로 동선을 감아 링을 만들어줍니다.

10 남겨진 부분을 니퍼로 잘라줍니다. 깔끔하게 완성된 모습입니다.

11 다시 라운드집게를 사용하여 동선으로 고리를 만든 후 담수진주 하단의 링에 걸어줍니다.

12 같은 방법으로 링을 만들어줍니다.

13 좀 더 큰 크기의 담수진주를 구성한 후 라운드집게로 고리를 만들어 달아준 모습입니다.

14 작업반지를 사용하여 오링을 벌려줍니다.

15 오링에 나뭇잎 금형장식을 끼워줍니다.

16 나뭇잎 금형장식이 연결된 오링을 하단의 담수진주 링에 연결시킨 후 작업반지로 닫아줍니다.

17 완성된 모습입니다.

18 귀걸이 은침의 링 부분을 평집게로 벌려 나비 금형장식의 링 부분에 연결시킨 후 평집게로 닫아줍니다.

19 한쪽 귀걸이가 완성되었습니다.

20 다른 쪽 귀걸이도 같은 방식으로 만들어줍니다.

21 완성!

삼각형 산호 귀걸이

지금은 귀걸이, 귀고리 두 단어 모두 구분 없이 사용되고 있지만 원래 '귀고리'는 귓불에 구멍을 뚫어서 고리를 꿰는 형태를 말하고, '귀걸이'는 단어 의미 그대로 귀를 뚫지 않고 고리를 귓바퀴에 거는 형태를 의미했어요. 귓불을 뚫지 않고 귀에 걸게끔 만든 귀걸이는 "신체발부는 부모님이 주신 것이니 훼손할 수 없다"는 조선의 유교사상을 반영한 형태라고 볼 수 있습니다. 고구려, 백제, 신라지역에서 귀고리가 출토된 걸로 보아 귀걸이의 역사가 꽤 오래된 것을 알 수 있습니다. 삼국시대를 거쳐 고려시대에는 남녀 모두 귀걸이를 착용했다고 해요. 여성의 것은 남자의 것보다 좀 더 컸었죠. 조선 초기만 해도 남녀 모두 어릴 때 귀를 뚫어 귀고리를 걸었다고 하는데 선조 이후부터는 귀고리를 하지 못하게 금지하여 여성들만 착용하다가 결국 귓바퀴에 거는 귀걸이 형태로 변하게 되었다고 합니다. 주로 여성들이 착용하는 귀걸이를 옛날에는 남자들도 착용했다는 사실이 무척 흥미롭지 않나요? 우리의 선조들은 멋을 알았던 것 같아요. 귀걸이의 의미를 되새겨보면서 빨간 산호를 재료로 좀 독특한 귀걸이를 제작해보세요. 산호는 부부의 금슬을 두텁게 해준다하여 약혼 예물이나 결혼 예물로 많이 사용되었어요. 또한 산호는 마음을 진정시키고 눈을 맑게 한다고 하니 장식성과 기능성을 겸비한 좋은 보석이지요. 자, 그럼 삼각형 산호 귀걸이 만들기를 시작해볼까요?

READY

• **강좌 개요**
9핀으로 구자말이한 유닛들을 입체감 있게 구성해봅니다. 작업반지로 오링을 여닫는 법과 9핀을 여닫아 삼각형 모양으로 완성하는 법을 익힙니다.

• **재료**
산호, 전통 문양 금형장식, 귀걸이 은침, 오링 2개, 9핀 긴 것 6개

1 긴 9핀에 산호 3개와 꽃 문양 금형장식, 산호 3개의 순서대로 끼워준 후 구자말이할 부분만 남기고 핀대 끝을 잘라줍니다.

2 구자말이집게로 구자말이해주세요.

3 하나가 완성되었어요. 양쪽으로 구성되므로 하나 더 만들어주세요.

4 원통형의 금형 장식을 가운데에 구성하여 삼각형의 바닥에 놓일 것도 하나 만들어주세요.

5 자, 구자말이가 모두 완성되었어요.

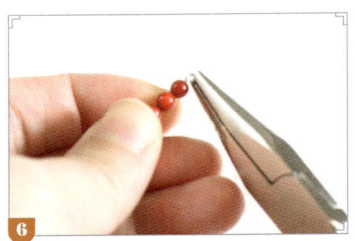

6 원통형 금형장식이 들어간 9핀의 구자말이한 한쪽 링을 열어줍니다.

7 꽃 문양이 들어간 9핀의 링을 건 후, 평집게로 닫아줍니다.

8 원통형 금형장식을 가운데로 두고 양쪽에 사진처럼 9핀을 여닫아 구성해줍니다.

9 그럼 사진처럼 보이게 되겠죠?

10 양쪽을 모아 삼각형 모양으로 만든 상태에서 오링으로 양쪽의 구자말이한 링과 귀걸이 은침을 걸고 작업반지로 닫아줍니다.

10 1개가 완성되었습니다.

10 같은 방식으로 하나 더 만들어주세요. 정말 쉽죠?

51

전통팔찌

팔찌는 선사시대 이래부터 착용되어 삼국시대에 다양한 형태로 발달했다고 해요.
둥근 고리 모양의 팔찌, 톱니 모양의 돌기장식이 있는 팔찌, 누금세공이나 보석이 장식된 팔찌,
각종 구슬을 꿰어 만든 팔찌 등이 있었답니다. 일반적으로 하나의 고리이거나
양끝이 붙지 않은 C자형을 이룬 형태가 많았다고 해요. 팔찌는 남녀 모두 한쪽 혹은
양쪽 팔에 하나 혹은 여러 개를 찼다고 합니다. 팔찌 착용 풍습은 고려시대에도 있었다고 하는데
구'걸이와 더불어 팔찌도 남자가 착용했다고 하니 무척 흥미롭네요.
점잖고 고루하게만 여겼던 우리 옛 남성들이 이렇게 멋과 미에 관심이 많은 줄은 미처 몰랐어요.
타임머신을 타고 그 시대로 돌아가 본다면 얼마나 흥미로울까요?
귀족 남성들은 너나 할 것 없이 빛깔 고운 비단옷에 화려한 귀걸이와 팔찌를 차고 있겠죠?
여러분도 전통문양의 금형장식을 잘 구성해서 고급스런 느낌의 전통팔찌를 제작해보세요.
디자인의 모티브는 무령왕릉에서 출토된 살짝 휜 금형들이 연결된 금 목걸이에서 얻었답니다.
만드는 방법은 무척 간단하지만 재료의 선택에서부터 각각의 유닛들이 무척 조화롭게 구성된 형태예요.

READY

• **강좌 개요**
9핀으로 각 부속들을 구자말이하여 주얼리를 구성하는 법을 익힙니다.

• **재료**
전통문양 금형 가운데 장식 1개, 휜 파이프 형태의 금형장식 3개, 중간 크기 금속볼 2개, 작은 크기 금속볼 2개, 팔찌 뒷장식, 볼핀 2개, 9핀 기본 사이즈 2개, 9핀 긴 사이즈 3개

1 중간 크기의 금속볼을 구자말이집게로 구자말이해줍니다.

2 2개를 구자말이하여 준비해주세요.

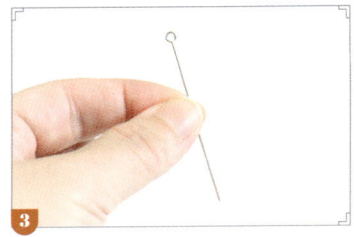

3 긴 9핀을 준비해주세요.

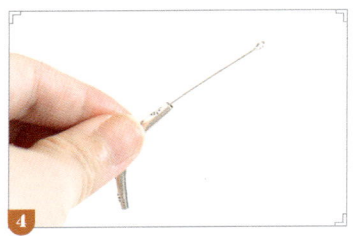

4 휜 파이프 형태 금형장식의 구멍에 긴 9핀을 끼워주세요. 작은 9핀은 핀대가 모자라서 구자말이할 수 없으므로 긴 9핀을 사용해줍니다.

5 핀대를 적당히 자른 후 구자말이해주세요.

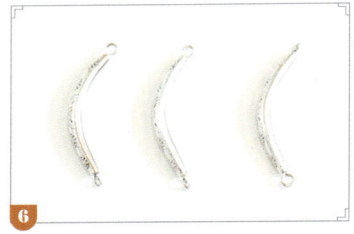

6 같은 방식으로 3개를 구성해주세요.

7 이번엔 볼핀을 준비해주세요.

8 양쪽에 구멍이 뚫린 동그란 금형장식의 안쪽으로 볼핀을 끼워주세요. 볼핀은 구멍이 커서 T핀이 빠질 경우에 아주 유용하게 사용됩니다.

9 빠져나온 핀대에 작은 금속볼을 끼워주세요.

10 구자말이할 길이만큼 핀대를 잘라내고 구자말이해주세요.

11 반대편도 같은 방식으로 볼핀을 구자말이해주세요.

12 양쪽을 볼핀으로 구자말이한 팔찌 포인트 장식이 완성되었어요.

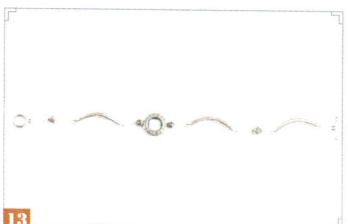

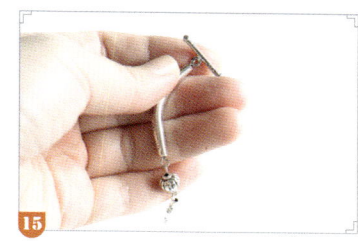

13 지금까지 구성한 유닛들을 사진처럼 팔찌 뒷장식과 함께 배열해주세요.

14 오링이 아닌 구자말이한 링을 벌려 모두 연결해주세요. 마감장식 부분은 팔찌의 길이가 여유가 없으면 오링을 걸어 달아주고, 길다 싶으면 오링을 빼고 구자말이한 링을 여닫아 달아주세요.

15 요건 구자말이한 링을 여닫아 마감장식을 달아준 사진이에요.

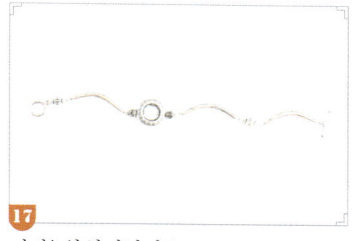

16 마찬가지로 반대편 뒷장식도 같은 방식으로 구자말이한 링을 여닫아 뒷장식을 달아주세요.

17 짜잔! 완성되었어요.

무척 쉽지만 굉장히 멋스런 팔찌가 완성되었어요. 언뜻 보면 은팔찌 느낌도 난답니다. 콘셉트에 맞는 예쁜 부속으로만 잘 구성해도 이처럼 쉬운 방법으로 멋진 장신구를 만들 수 있어요. 자, 여러분도 어서 시도해보세요.

55

갓끈 목걸이

갓끈은 조선시대 남자가 머리에 썼던 갓의 끈을 말해요. 보통은 헝겊으로 만들어졌지만
신분에 따라 헝겊 대신 옥, 마노, 호박, 산호, 수정, 구슬 등이 사용되어 장식적으로도 다양하게 활용되었답니다.
다양하고 화려한 갓끈을 살펴보면 여자들뿐만 아니라 남성들도 미에 무척 관심이 많았고
멋쟁이였을 것 같다는 생각이 들어요. 갓끈은 신분을 나타내거나 갓의 종류, 계절에 따라
갓끈의 모양과 재료를 달리하면서 다양하게 사용되었는데요, 그 쓰임새가 사치스러워지자 여성의 가체에도
금지령이 내려졌듯이 갓끈도 사용이 규제되었어요. 세종 때에는 옥돌과 마노로 만든 갓끈은
당상관만 할 수 있었고, 향리는 옥, 마노는 물론 산호, 수정도 할 수 없도록 금지되었다고 합니다.
대나무 갓끈은 흥선대원군의 집정 시 의관문물의 간소화 시책에 따라 한때 유행했던 스타일이에요.
갓을 장식하는 갓끈은 유닛의 구성과 모양, 장식성에 있어서 목걸이와 크게 다를 바 없어요.
우리는 대갓끈에서 모티브를 따온 멋스런 목걸이를 제작해볼까요?

READY

· 강좌 개요

액세서리 제작의 기본 기법인 구자말이를 충분히 연습할 수 있습니다. 9핀만을 사용하여 나무비즈에 자마노를 사이사이 배치하여 갓끈을 연상시키는 목걸이를 제작합니다. 기본 기법을 숙지하여 다양한 재료로 구성해보세요.

· 재료

자마노(큰 것 1개, 중간 것 8개, 작은 것 8개), 파이프형 나무비즈 여러 개, 9핀 긴 사이즈, 9핀 기본 사이즈, 목걸이 뒷장식, 오링

1 9핀으로 작은 자마노를 구자말이해줍니다.

2 작은 자마노를 같은 방법으로 구자말이하여 8개를 만들어주세요.

3 중간 크기 자마노를 구자말이합니다.

4 중간 크기 자마노를 같은 방법으로 구자말이하여 8개를 만들어주세요.

5 큰 자마노 1개를 구자말이해줍니다. 큰 것은 가운데 장식으로 사용할 거예요.

6 자마노를 모두 구자말이해주었습니다 (큰 것 1개(가운데 장식), 중간 크기 8개, 작은 크기 8개).

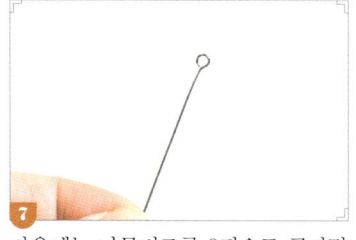

7 다음에는 나무비즈를 9핀으로 구자말이할 차례인데요, 나무비즈를 2개씩 넣어 구성하게 되면 작은 9핀으로는 길이가 부족합니다. 그래서 이때는 긴 9핀을 사용해주세요.

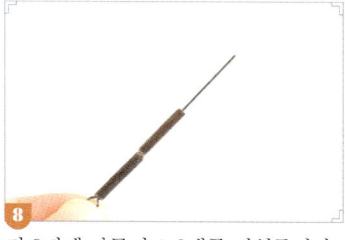

8 긴 9핀에 나무비즈 2개를 끼워줍니다.

9 마찬가지로 구자말이해주세요.

10 나무비즈를 모두 구자말이해주었습니다.

11 각 유닛의 연결은 오링이 아닌 구자말이한 링을 평집게로 벌려 연결해주세요. 우선 자마노의 링을 평집게로 열어주세요.

12 그리고 나무비즈 링에 걸어주세요.

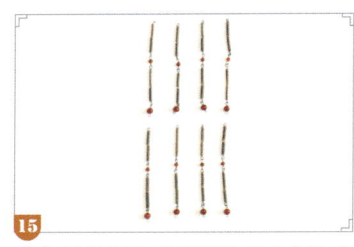

13 링이 사진처럼 연결되었습니다.

14 이런 식으로 사진의 순서대로 구성해주세요.

15 같은 방식으로 사진처럼 총 8개의 유닛을 만들어주세요.

58

이건 가운데 들어갈 부분이에요. 큰 자마노로 사진처럼 구성해주세요.

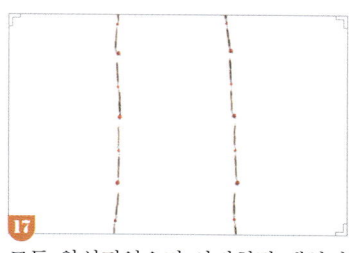
모두 완성되었으면 사진처럼 배열된 상태로 오링을 벌려 각 유닛들을 모두 연결해주면 됩니다.

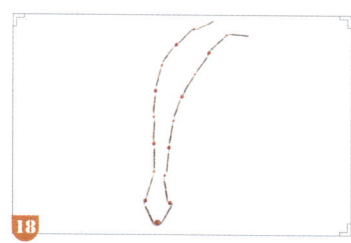
자, 모두 연결되었어요. 이제 목걸이 모양이 거의 완성됐죠?

마감장식은 오링으로 달아주세요. 이렇게 긴 형태의 목걸이에는 굳이 마감장식이 필요하지 않지만, 가운데 중심을 잡아줄 용도로 마감장식을 달아주도록 해요.

반대 부분에 연장체인도 달아주세요.

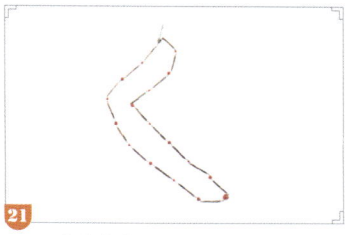
모두 완성되었습니다.

오방색 반지

우리나라의 전통색상인 오방색은 어떤 색깔을 말하는 걸까요? 오방색은 황(黃), 청(靑), 백(白), 적(赤), 흑(黑)의 5가지 색을 말하며 각각의 색은 저마다 고유의 의미를 갖고 있습니다. 황(黃)은 우주 중심에 해당하고 가장 고귀한 색으로 인식되어 임금만이 황색 옷을 입을 수 있었어요. 청(靑)은 만물이 생성하는 봄의 색으로 창조, 생명을 상징하며 복을 비는 색으로 사용되었답니다. 백(白)은 결백과 진실, 순결 등을 의미해서 우리 민족은 예로부터 흰 옷을 즐겨 입었다고 해요. 적(赤)은 태양, 불등과 같이 생성과 창조, 정열과 애정을 뜻하며 가장 강력한 벽사(귀신을 물리침)의 빛깔로 쓰여졌어요. 흑(黑)은 인간의 지혜를 관장하는 색깔로 쓰였다고 해요. 이처럼 우리 선조들에게 있어 오방색은 단순한 색깔에 그치지 않고 종교적이며 우주적인 철학관을 담고 있었고, 나쁜 기운을 물리치고 복을 바라는 마음으로 용도와 신분에 맞게 구분하여 사용되었답니다.
이러한 깊은 의미를 담고 있는 오방색으로 전통색이 물씬 느껴지는 오방색 전통반지를 만들며 복을 기원해보세요.

READY

- **강좌 개요**

T핀을 사용하여 구자말이하는 법과 동선을 사용하여 각 유닛들을 링에 풍성하게 고정시키는 법을 배웁니다.

- **재료**

산호, 오닉스, 진주, 라피스 라줄리, 옥, 진주, 금속볼, 비즈캡, T핀, 반지대(링 하나 달린), 동선(0.3~0.4mm) 20cm

1 화려함과 장식적인 효과를 주기 위해 몇 개의 유닛에는 금속 비즈캡을 사용합니다. T핀에 비즈캡을 사진처럼 끼워주세요.

2 비즈캡과 오닉스를 낀 후 구자말이 집게로 구자말이해주세요.

3 핵진주에도 비즈캡을 끼운 후 구자말이해주세요.

4 나머지 모든 유닛들도 구자말이합니다.

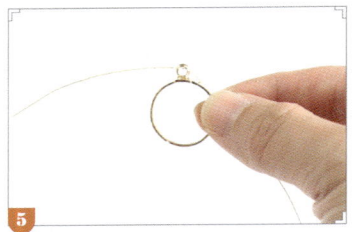

5 링이 하나 달린 반지대에 동선을 3~4cm가량 통과시킵니다. 이 부분은 맨 마지막에 마무리용으로 사용됩니다.

6 긴 동선을 링 안으로 통과시켜 한 차례 단단히 감아줍니다.

7 같은 방식으로 링 안으로 두세 차례 통과시켜 동선을 링에 단단히 고정시킵니다.

8 이번에는 긴 동선에 구자말이한 3개의 유닛을 걸어 반지대의 링에 통과시켜 한 차례 감아줍니다. 어떤 유닛이든 상관없어요. 2~3개, 많게는 4개, 자유롭게 통과시켜주세요.

9 한 차례 반지대의 링에 감겨진 사진입니다. 3개의 유닛이 반지대에 단단히 고정되었습니다.

같은 방식으로 또 3개의 유닛이 반지대의 링에 고정된 사진입니다.

요건 네 번째로 3개의 유닛이 고정된 모습입니다.

마지막으로 남은 유닛들을 모두 링에 통과시켜 고정한 모습입니다. 마치 마술같이 작은 구멍에 많은 유닛들이 풍성하게 구성되었습니다.

작업의 마무리를 위하여 삐져나온 2개의 동선을 맞잡고 꽈배기 꼬듯이 빙빙 돌려주세요.

동선을 직접 꼬는 것보다 반지대를 돌려 꼬아주면 훨씬 수월하게 꼬아진답니다.

꽈배기처럼 잘 꼬아졌죠? 동선을 감을 때 너무 많이 꼬게 되면 툭 끊어질 염려가 있어요. 힘 조절을 잘해서 꼬아주세요.

꼬아준 동선이 풀리지 않게 주의하면서 니퍼로 바짝 잘라주세요.

자, 완성되었습니다.

산수유 머리핀

알알이 다양한 원석으로 풍성하게 구성된 산수유 머리핀은 우리 자연에서
모티브를 얻어 디자인되었어요. 사계절이 뚜렷한 우리나라는 계절마다 새로운
풍경을 맞이하는 축복을 받았습니다. 진달래가 피어나기 직전인 이른 봄이면
아직 앙상한 나뭇가지에는 노란색 에어브러시로 톡톡 두드린 듯한 산수유 꽃이
일제히 개화합니다. 꽃이 떨어지면 푸른 열매가 맺히고, 가을이 오면 가지마다
빨갛게 잘 익은 산수유 열매들이 주렁주렁 매달리지요. 산수유 머리핀은
다채로운 색상과 아기자기한 모양 때문인지 박물관 내에 있는 문화상품점에서도
가장 인기 있는 아이템이에요. 춥고, 덥고, 따뜻하고, 선선한 기후의 변화를 겪으며
고운 빛깔로 익어가는 산수유 열매를 생각하며 만들어보세요.
나뭇가지도 동선으로 꼬아 표현해보세요. 정말 재밌겠죠?

READY

- **강좌 개요**

동선을 꼬아 가지를 표현하는 법과 1:1 접착제 에폭시를 사용하여 각 유닛들을 부착시키는 법을 배웁니다.

- **재료**

왕골, 그린 오닉스, 공작석, 산호, 크리스털, 머리핀 부속, 라벨(마감천), 동선 0.4mm(12cm 4줄, 20cm 4줄)

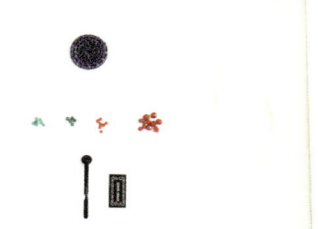

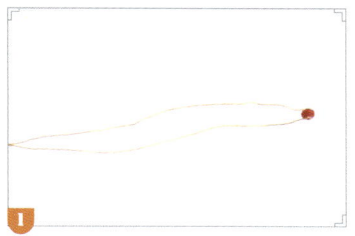

1 20cm 동선에 크리스털을 1개 끼운 후, 동선 양쪽 끝을 맞잡아 크리스털을 가운데로 보내줍니다.

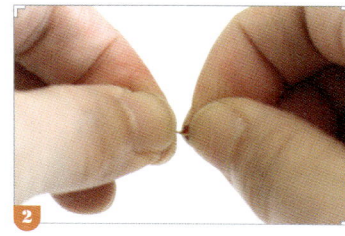

2 왼손으로 크리스털에 바짝 동선을 맞잡은 후, 오른손으로 크리스털을 두 차례 돌려 크리스털을 동선으로 꽉 물려줍니다.

3 크리스털이 동선으로 단단히 고정되었습니다.

4 줄기로 표현하고 싶은 길이만큼 내려 간 후, 왼손으로 동선 두겹을 꼭 맞잡고 오른손으로는 크리스털을 잡고 부드럽게 3~4회 꼬아줍니다.

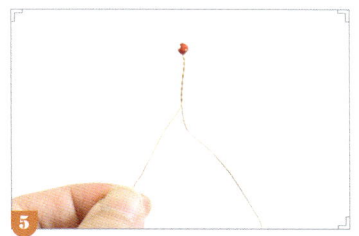

5 꽈배기처럼 동선이 자연스럽게 꼬아졌습니다.

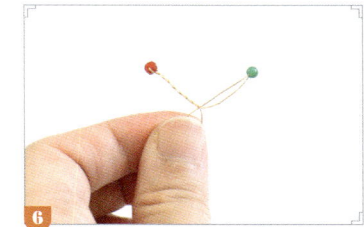

6 오른쪽 동선을 벌린 후 그린 오닉스를 끼우고 가지로 표현하고 싶은 만큼 동선을 접어줍니다.

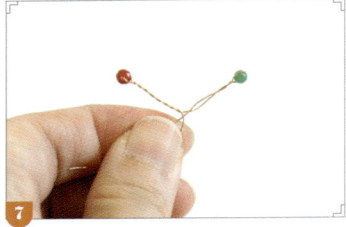

7 같은 방식으로 그린 오닉스를 잡고 원석이 동선에 단단히 물리게 2~3차례 꼬아줍니다. 사진은 원석이 단단히 물린 상태입니다.

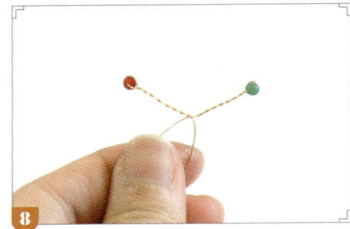

8 가지의 교차점을 맞잡고 그린 오닉스를 부드럽게 3~4회 꼬아주면 사진처럼 만들어지게 됩니다. 2개의 가지가 완성되었습니다.

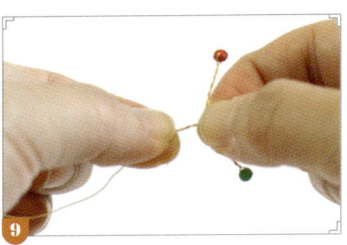

9 이번엔 기둥을 만들어봅니다. 기둥으로 표현하고픈 길이만큼 내려가 왼쪽 손으로 동선 두 줄을 맞잡은 후 오른손으로 부드럽게 꼬아줍니다.

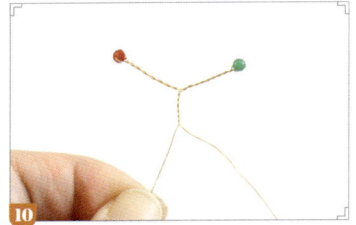

10 사진처럼 완성되었습니다. 나뭇가지 2개와 기둥 하나가 완성된 모습입니다.

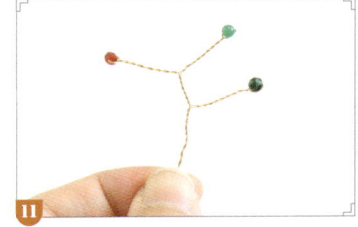

11 같은 방식으로 가지를 하나 더 만들어줍니다. 가지, 기둥, 가지, 기둥 순서로 지그재그로 만들어주세요.

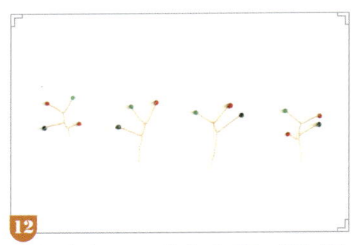

12 같은 방식으로 4개의 가지를 만들어주세요.

13 다음에는 가운데에 구성할 짧은 가지를 만듭니다. 12cm 동선에 크리스털을 넣고 반을 접어 크리스털을 오른쪽으로 보내줍니다.

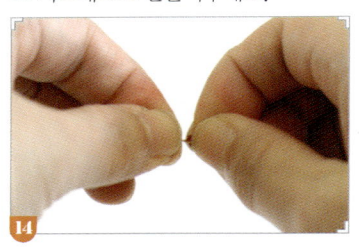

14 오른손으로 크리스털을 꽉 잡고 왼손으로 두 줄의 동선을 맞잡아 바짝 꼬아 크리스털을 물려줍니다.

15 크리스털이 동선에 단단히 물렸습니다.

16 같은 방식으로 1개 더 구성해줍니다. 가지를 만드는 방법과 동일합니다. 단지 길이만 짧아졌습니다. 가운데에 구성할 크리스털은 모두 가지와 기둥의 길이가 짧게 만들어주세요.

17 3개의 크리스털이 모두 물렸습니다.

18 가운데로 모아주세요.

19 같은 방식으로 4개의 크리스털 가지를 만들어줍니다.

20 왕골을 준비해주세요. 꼭 왕골이 아니더라도 가운데에 구멍이 있는 주변의 다양한 소재를 활용해보세요. 나만의 독창적인 작품이 나올 수 있답니다.

21 왕골의 구멍에 4개의 기둥이 짧은 크리스털 가지를 모두 끼워주세요.

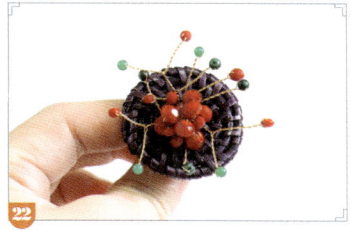

22 그리고 둘레에 긴 가지를 병풍 두르듯 꽂아주세요. 꽃꽂이하듯 예쁘게 모양을 잡아주세요.

23 모양이 나왔으면 삐져나온 동선이 왕골의 구멍에 단단히 접착되도록 에폭시를 꼼꼼히 발라주세요.

24 20여 분이 지나고 에폭시가 완전히 굳으면 삐져나온 동선들은 니퍼로 바짝 잘라주세요.

25 깨끗하게 잘려나간 모습입니다.

26 글루건으로 부착시키면 끝!

27 완성되었습니다.

67

물고기 목걸이

우리나라에서 목걸이는 청동기시대 때부터 사용되었습니다.
처음에는 동물 이빨로 만든 목걸이가 주로 사용되었고 점차 옥이나
금, 은 등으로도 만들게 되었죠. 목걸이는 미적 효과뿐 아니라 주술적인
의미로도 사용하였고, 성별이나 신분을 나타내기도 했습니다.
우리는 물고기 모양의 금형장식으로 목걸이를 제작해보아요.
하늘색 나무비즈로 바다의 이미지도 표현해보세요. 물고기는 예로부터
부귀와 행운을 상징했어요. 물고기 중에서도 잉어는 어룡(魚龍)이라고 불리며
입신등용과 출세, 성공을 의미했다고 해요. 물고기 목걸이를 하고 있으면
왠지 중요한 시험에 합격할 것 같은 좋은 예감이 들지 않으세요?
자, 그럼 물고기 목걸이 만들기를 시작해볼까요?

READY

• 강좌 개요

구자말이하여 각 유닛을 연결시키는 법과 작업반지를 활용하여 오링을 여닫아 마감장식을 연결하는 법을 배웁니다. 나무비즈를 이용한 액세서리 구성법과 뒷장식을 앞장식으로 구성하는 새로운 연출법을 시도해봅니다.

• 재료

나무비즈, 9핀, 마감장식(토글바), 오링, 담수진주, 전통문양 금형장식, 라피스 라줄리, 하늘색 마산옥

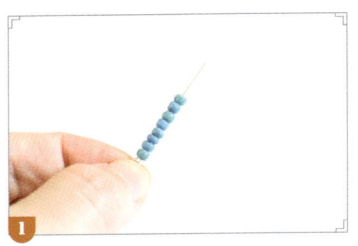

1 하늘색 나무비즈를 9핀에 8개 넣어주세요.

2 구자말이집게로 구자말이 해주세요.

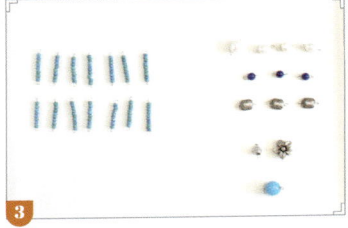

3 사진처럼 나무비즈와 각 유닛들을 모두 9핀으로 구자말이하여 구성해줍니다. 하늘색 나무비즈 14개, 진주 4개, 라피스 라줄리 3개, 전통문양 금형장식 5개, 하늘색 마산옥 1개

4 나무비즈를 구성한 9핀의 링에 구자말이한 전통문양 금형장식을 링을 여닫아 구성해줍니다.

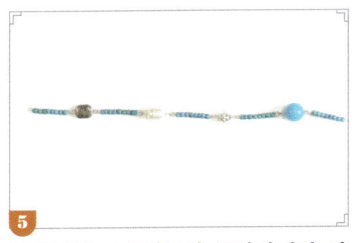

5 사진처럼 나무비즈와 구자말이한 각 유닛들을 번갈아가며 연결시켜줍니다.

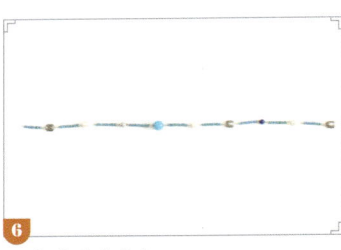

6 중간 단계입니다.

7

모든 유닛이 구성되었습니다.

8

나무비즈와 마감장식을 나무비즈의 링을 벌려 연결시켜줍니다(오링으로 연결해줘도 좋아요). 앞장식의 효과를 주기 위해 클래습의 일종인 토글바를 달아주었어요.

9

반대편도 같은 방식으로 구성해줍니다.

10

가운데 팬던트 장식을 구성해봅니다. 작은 물고기와 꽃문양 금형장식을 9핀으로 구자말이합니다.

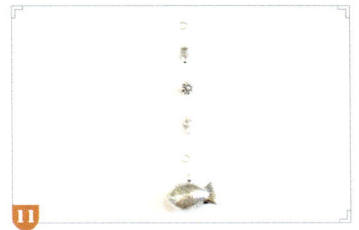

11

사진의 이미지대로 상단의 작은 물고기와 하단의 큰 물고기 금형장식은 오링으로 연결시키고 가운데의 유닛들은 구자말이한 링을 벌려 연결시켜줍니다.

12

완성된 모습입니다.

13

물고기 금형장식의 오링을 마감장식의 동그란 부분에 걸어 평집게로 닫아줍니다.

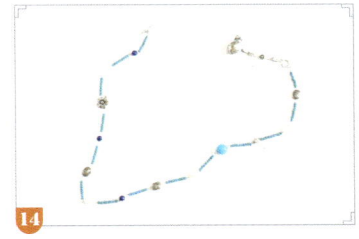

14

완성되었습니다.

15

마감장식이 뒷부분이 아닌 앞부분에 구성되어 장식적인 효과를 주는 목걸이입니다. 다양한 재료들로 자유롭게 구성해보세요.

PART 2
랑랑 공주 과정

응용편 1

기초를 충분히 다졌으면 이젠 다양한 방법으로 응용해보는 단계예요. 개인의 감각과 상상력이 빛을 발하는 과정이지요. 이제 만드는 방법에 대해선 어느 정도 자신감이 생겼으니 장신구 재료와 부자재들도 정해진 용도로만 사용하기보다는 다양한 접근법으로 시도해보세요. 눈만 크게 뜬다면 집 안에 있는 소소한 소품들도 훌륭한 장신구의 재료가 될 수 있답니다. 나만의 감각이 반영된 작품이기에 더욱 애착도 가게 되죠. 기본 방법을 숙지한 후 다양한 재료로 시도해보세요.

전통 동선말이 목걸이

동선말이는 나비 귀걸이 만들면서 간단히 배워보았죠?
이젠 동선말이를 확실하게 익혀볼 수 있는 시간이에요. 동선말이로 연결된 목걸이는
원석이 빠질 염려없이 견고하면서도 얇은 동선으로 섬세한 효과를 줄 수 있기 때문에
목걸이 체인에 구슬을 연결할 때 자주 사용됩니다. 전통 동선말이 목걸이를 익히고 나면
다양한 원석으로도 구성해보세요.

READY

- **강좌 개요**

체인에 각 부속들을 구자말이와 동선말이로 연결하는 기법을 익힙니다. 동선말이는 견고하게 각 유닛을 연결시킬 수 있는 무척 유용한 스킬입니다.

- **재료**

산호, 전통문양 금형장식, 오닉스, 아크릴비즈, 크리스털, 체인, 동선, 일반 사이즈 9핀, 긴 사이즈 9핀, 오링, 체인

1 체인을 자유롭게 다양한 길이로 잘라 주세요.

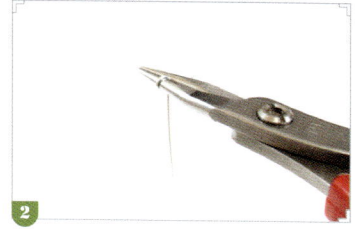

2 동선을 라운드집게로 한 바퀴 감아 링을 만들어줍니다(기초 과정 동선말이 연결하기 참조).

3 사진처럼 링이 생겼습니다.

4 동선의 교차점 바로 위를 집게로 집어 주세요.

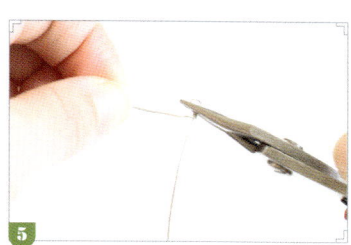

5 짧은 쪽 동선을 시계 방향으로 잡아당기면서 단단하게 감아주세요.

6 니퍼로 남은 동선을 깔끔히 잘라내고 집게로 링 모양을 예쁘게 잡아주세요.

7 올가미 형태의 링이 하나 만들어졌어요.

8 동선말이한 동선에 오닉스를 끼워줍니다.

9 라운드집게로 한 바퀴 돌려줍니다.

10 링이 만들어졌습니다.

11 링 사이를 살짝 벌려 그 틈 사이로 체인을 걸어주세요.

12 체인을 건 후 동선말이해줍니다.

13 체인이 링에 연결되었습니다.

14 또 동선을 라운드집게에 한 번 감아 링을 만들어주세요.

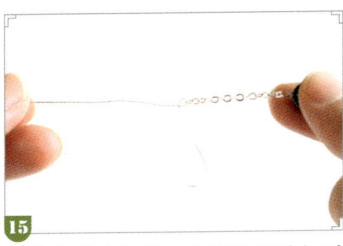

15 동선의 벌어진 틈으로 체인 구멍을 끼워주세요.

16 동선말이하여 올가미처럼 만들어주세요.

17 처음 것보다 약간 작은 오닉스를 끼워주세요.

18 마찬가지로 동선을 라운드집게로 감아 링을 만든 후 또 다른 체인 하나를 끼운 후 동선말이해줍니다.

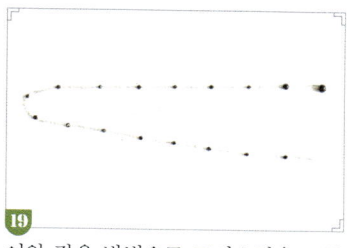 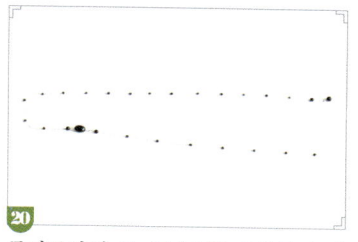 

19 이와 같은 방법으로 크리스털을 모두 체인에 연결해주세요. 처음에는 오닉스 2개, 나머지는 모두 크리스틸로 구성하였습니다.

20 중간중간에 큰 오닉스를 구성하여 리듬감을 줘도 좋아요.

21 이번에는 포인트 장식을 구성할 차례예요. 포인트 장식은 모두 구자말이로 연결해주세요. 아크릴비즈가 크기 때문에 긴 9핀에 전통문양 금형장식과 아크릴 비즈 순서로 끼워주세요.

• 동선말이는 구슬의 구멍이 너무 크거나 작은 경우에 링을 만들어줄 때 용이한 기법이에요. 하지만 이처럼 큰 유닛이나 혹은 무게가 나가는 원석일 경우에는 동선이 원석의 크기와 무게를 감당할 수 없어서 적합하지 않아요. 이럴 때는 튼튼한 9핀을 사용해주세요.

22 구자말이집게로 구자말이해주세요.

23 사진처럼 각 유닛을 구자말이집게로 구자말이해주세요.

24 사진의 순서대로 구자말이한 링을 벌려 각 유닛들을 연결해주세요.

25 구자말이한 산호 쪽으로 이미 동선말이하여 만들어놓은 링의 한 부분을 오링으로 연결해주세요.

26 마찬가지로 반대쪽도 오링으로 연결해주세요.

27 모두 완성되었습니다.

이런 방식으로 목걸이 길이를 길게 또는 짧게 자유롭게 조절할 수 있어요.
이젠 목걸이 체인이 끊어져도 더 이상 두렵지 않아요. 얼마든지 고쳐서 다시 사용할 수 있으니까요.

갓끈 목걸이(금속)

원형에 기반한 나무로 만든 갓끈 목걸이를 제작해보았다면 이번엔 쉽게 구할 수 있는 재료를 사용해서 현대화된 갓끈 목걸이를 제작해볼 거예요. 쉽게 구할 수 있는 재료라니 어떤 재료일지 궁금하시죠?
바로 우리가 흔히 쓰는 9핀이랍니다. 체인이나 링으로 연결되어 만들어진 목걸이와 달리 핀대로 구성된 목걸이는 새롭고 독특한 느낌을 준답니다.
다양한 재료들을 주어진 용도로만 국한하여 사용하기보다는 전혀 다른 시각으로 새롭게 응용해보세요. 생각지도 못한 멋진 작품들이 나오게 됩니다.

READY

• 강좌 개요

나무비즈로 갓끈을 표현해보았다면 이번엔 9핀을 구자말이하여 갓끈을 연상시키는 목걸이를 제작해봅니다. 다양한 원석과 재료를 사용하여 개성 있게 구성해보세요.

• 재료

오닉스, 아크릴 비즈, 금속볼, 크리스털, 자마노, 산호, 9핀(짧은 것, 긴 것)

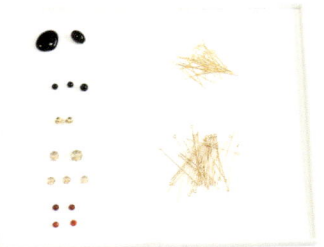

1

각 유닛을 모두 구자말이합니다. 사진은 아크릴 비즈인데요, 이처럼 큰 부속에는 긴 9핀(54mm)을 끼워줍니다(작은 부속에는 일반 사이즈(34mm)의 9핀을 사용합니다).

2

적당량을 니퍼로 자른 후, 구자말이 집게로 링을 만들어줍니다.

3

양쪽에 링이 달린 유닛 하나가 완성되었습니다.

4

역시 긴 9핀(54mm)을 선택합니다.

5

이번에는 자르지 않고 핀대 끝을 구자말이하여 링을 만들어줍니다.

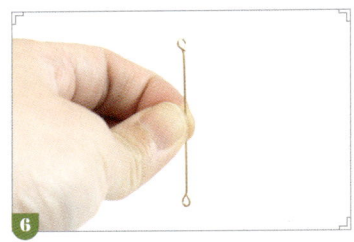

6

양쪽에 링이 달린 막대 형태가 완성되었습니다. 긴 9핀이 체인 역할을 하여 각 유닛들을 연결할 수 있습니다.

7
준비된 원석과 크리스털, 금속볼을 모두 9핀으로 구자말이합니다. 긴 9핀도 유닛의 숫자에 맞게 모두 구자말이합니다. 양쪽에 링이 달린 유닛들이 완성되었습니다.

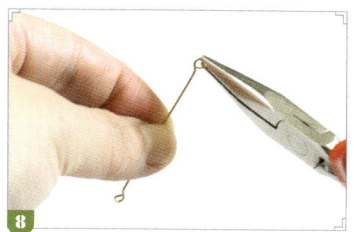

8
구자말이한 9핀의 한쪽 끝을 평집게로 벌려줍니다.

9
벌어진 틈 사이로 아크릴 비즈를 구자말이한 링을 걸어준 후 평집게로 닫아줍니다.

10
아크릴 비즈와 9핀이 연결되었습니다.

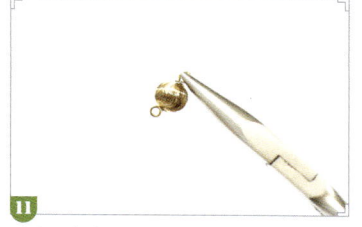

11
같은 방법으로 금속볼의 구자말이한 부분을 평집게로 살짝 들어올려 벌린 후 9핀의 반대 부분에 끼워줍니다(9핀의 구자말이한 부분을 벌려 금속볼의 링에 끼워주어도 무방합니다).

12
완성된 모습입니다.

13
같은 방법으로 각 유닛들의 링을 벌려가며 계속 핀에 번갈아가며 연결시켜 줍니다.

14
원하는 길이까지 완성되면 마무리도 링을 벌려 여닫는 형식으로 마무리해 줍니다.

15
갓끈 목걸이가 완성되었습니다. 참 쉽죠?

정말 갓끈을 닮았죠?
단지 9핀만으로도 이렇게 멋스런 목걸이를 구성해볼 수 있어요. 크리스털이나 진주등 다른 재료로도 다양하게 시도해보세요. 전혀 다른 느낌의 주얼리가 완성됩니다. 길이도 자유롭게 조절해보세요.

옻칠 스타일 머리띠

옻칠은 우리나라뿐만 아니라 중국, 일본에서 예로부터 금속이나 목공 도장용으로
가장 소중히 여겨왔던 도료라고 해요. 옻칠로 도장된 그릇이나 목재가구들은
수백 년이 지나도 부식됨이 없이 보존력이 뛰어나다고 합니다. 반짝반짝 옻칠로
장식된 작품들은 깔끔하면서도 고급스런 아름다움이 느껴지는데요.
아름다움만큼 옻칠 작업은 수일에 걸쳐 말리고 덧바르는 작업을 반복해서 해야 하는
손이 많이 가는 작업이에요. 작업을 하다보면 옻에 옮는 일도 비일비재하고요.
오랜 시간과 노고를 거쳐야만 완성되는 작품이기에 더 귀하게 느껴진답니다.
우리는 옻에 옮을 염려 없이 옻칠 느낌만을 살려 전통색이 물씬 느껴지는
머리띠를 제작해볼까요?

READY

- **강좌 개요**
30분 에폭시와 수채화 물감을 사용하여 금속에 색깔을 넣는 기법을 익힙니다. 검은색 동선으로 꽃가지를 표현하여 금속장식에 포인트를 줍니다.

- **재료**
30분 에폭시, 투명 매니큐어, 가운데가 파인 금형장식, 검은색 크리스털, 산호, 담수진주, 검은색 동선, 빨간색 수채화 물감, 검은색 수채화 물감, 머리띠

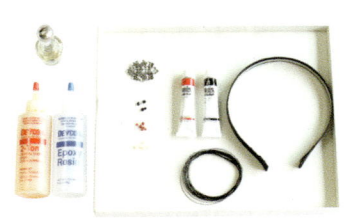

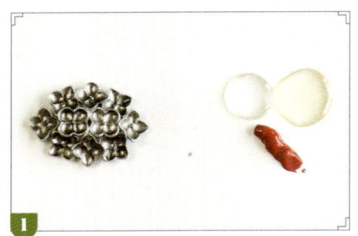

1 30분 에폭시 2개의 액체와 빨간색 수채화 물감을 짜서 준비해주세요. 에폭시는 2개의 양을 같게 짜주세요(오른쪽 액체가 더 커 보이지만 퍼져서 그렇게 보일 뿐 실제로 같은 양이에요).

- 지금까지 5분 에폭시는 많이 사용해보았죠? 이번에는 30분 에폭시를 사용해볼 거예요. 30분 에폭시는 에폭시와 접착 효과는 똑같지만, 단 굳는 데 시간이 더 오래 걸린다는 특성이 있어요. 이 특성을 살려 수채화 물감을 섞어서 채워주면 장신구에 채색 효과를 줄 수가 있답니다.

2 이쑤시개로 3개의 재료를 잘 섞어주세요.

3 이쑤시개로 살짝 떠서 가운데가 움푹 들어간 금형장식에 메꿔주세요. 처음부터 많이 뜨지 말고 살짝 뜬 후 조금씩 채워주세요.

4 1개가 채워진 상태예요. 에폭시가 번졌을 때에는 즉시 물티슈로 닦아내면 없어져요.

- 물티슈로도 안 지워질 경우에는 완전히 굳지 않으면 알코올로 닦아주면 깨끗이 닦아낼 수 있어요.

5 마찬가지로 구성하고 싶은 곳에 에폭시를 이쑤시개로 떠서 채워주세요. 우선 빨간색으로 모두 채워 주었어요.

6 나머지 부분은 모두 검은색으로 채워줄 거예요. 마찬가지로 같은 양의 에폭시(사진에는 오른쪽이 퍼져 커 보이지만 실제로는 같은 양이에요)와 검은색 수채화 물감을 짜주세요.

7 마찬가지로 검은색도 짜놓은 에폭시와 함께 이쑤시개로 잘 섞어주세요.

8 이쑤시개로 살짝 떠서 나머지 움푹 파인 부분에 채워주세요.

9 검은색 1개를 채워주었어요.

10 나머지 부분도 모두 검은색 에폭시로 채워주세요. 자, 이젠 하루 동안 충분히 말려주세요. 먼지가 앉을 수도 있으니 위에 뚜껑을 덮어주고 안전한 곳에 올려놔주세요.

11 다 말랐으면 투명 매니큐어를 전체적으로 발라서 반짝반짝한 느낌을 살려주세요.

12 모두 발라줬어요.

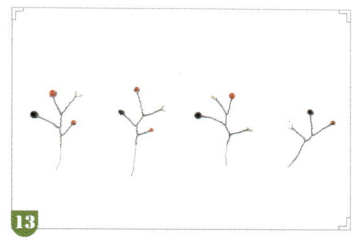
13 옻칠 스타일에 어울리도록 검은색(블랙 크리스털), 빨간색(산호), 하얀색(담수진주)으로 구성된 가지를 4개 만들어주세요(Part 1. 산수유 머리핀 만들기 참조).

14 4개의 가지를 잘 포갠 후 금형의 뒷부분에 원하는 위치에 잘 배열한 후 검정 심이 들어간 글루건을 쏘아주세요.

15 가지가 달린 금형을 머리띠에 붙인 후 안쪽의 마감은 검정 펠트에 검정심이 들어간 글루건을 쏘아 잘 눌러주세요.

16 앞모습이에요.

17 짜잔! 완성되었습니다. 간단하지만 옻칠 느낌이 물씬 묻어나는 독특한 머리띠가 완성되었어요.

30분 에폭시는 접착제의 효과뿐만이 아니라 이처럼 장신구에 채색 효과를 주기도 해요. 다양한 금형장식에 다채로운 색깔로 시도해보세요.

호두비녀

비녀는 결혼한 여성들의 쪽머리에 꽂는 장신구로 잠(簪)이라고도 해요. 비녀는 삼국시대 이전부터
사용되었을 거라고 추정되지만, 다양한 모습으로 발전하게 된 것은 조선후기 영·정조 때부터예요.
비녀가 발달하게 된 계기는 궁궐의 여인들이 머리숱이 많아 보이게 머리에 덧대었던 가체를 정조 때 국법으로 금하는
가체 금지령이 시행되면서부터랍니다. 이 가체 금지령이 시행된 계기는 가체가 부녀자들 사이에
미적인 표현뿐만이 아니라 부와 권력, 신분을 과시하는 수단으로도 사용되었기 때문에 날이 갈수록
가체의 크기가 커지고 거기에 쏟는 비용도 높아져만 갔어요. 그러던 중 결정적인 사건이 발생하게 되는데,
13세의 어린 부잣집 며느리가 시아버지가 방에 들어오자 깜짝 놀라 갑자기 일어나다가 가체의 무게에 못 이겨
목이 부러져 사망하는 웃지 못할 사건이 발생하게 되죠. 이에 정조 때는 국법으로 가체 사용을 금하고
대신 쪽머리로 고치도록 하면서 비녀가 활성화되고, 가체에 쏟던 미적 욕구를 발산하기 위한 대안으로
비녀가 더욱 발달하게 되었답니다. 단순히 쪽머리에 꽂았던 비녀가 이런 스토리를 간직하고 있었다니 무척 흥미롭죠?
비녀의 모양과 재료도 다양했답니다. 비녀의 머리 모양에 따라 민비녀, 말뚝비녀, 호두비녀, 버섯비녀,
용비녀, 봉황비녀 등으로 나뉘었고, 왕족은 봉잠(금봉채, 은봉채 등)을, 귀족들은 금이나 은, 보석으로 만든 비녀를,
서민들은 대나무나 백동, 혹은 짐승의 뿔로 만든 비녀를 사용했다고 해요. 우리는 그중에서도 호두 모양을 닮은
호두비녀를 만들어볼 거예요. 호두잠은 황실이나 상류층의 여인들이 여름에 나들이 갈 때 호사로 꽂았던 비녀예요.
옥비녀 머리에 주로 화엽문, 당초문을 투각해서 호두 형태로 만들었죠. 삼큼하게 올려진 머리를 비녀로 장식하면 얼굴이
더욱 갸름해 보이고 목이 길어 보인답니다. 자, 전통과 현대가 절묘하게 조화를 이룬 호두비녀를 제작하러 지금 떠나볼까요?

READY

- **강좌 개요**

다양한 원석을 조합하고, 동선을 사용하여 링 안에 풍성하게 결합시키는 기법을 배웁니다. 호두 모양의 나무비즈에 다양한 원석과 금형장식을 소복하게 구성해봅니다.

- **재료**

옥, 커넬리언, 호박, 사금석, 가넷, 마산옥, 터키석, 라피스 라줄리, 산호, 자마노, 공작석, 나뭇잎 금형장식, 금속볼, 체인, T핀, 9핀, 동선(0.3mm) 20cm, 나무비즈, 비녀

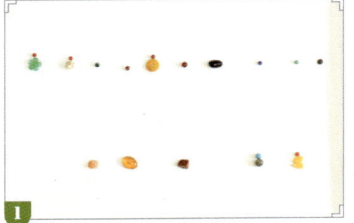

1 위 열에 있는 유닛은 T핀으로 구성하고, 아래 열에 있는 유닛은 9핀으로 구성해줄 거예요.

2 우선 T핀에 산호와 꽃 모양 옥을 함께 구성한 후 구자말이합니다.

3 T핀에 산호와 전통문양 금형장식을 함께 구성한 후 구자말이합니다.

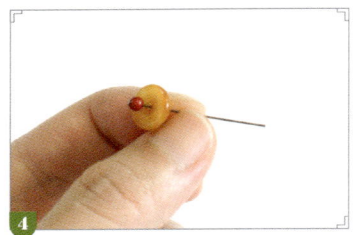

4 T핀에 산호와 노란색 옥을 함께 구성한 후 구자말이합니다. 나머지 윗부분의 유닛들은 단일하게 1개씩 구자말이합니다.

5 이번에 아래 열에 있는 원석들을 9핀으로 구자말이해줄 건데요. 우선 터키석과 수초석을 함께 구성하여 구자말이합니다.

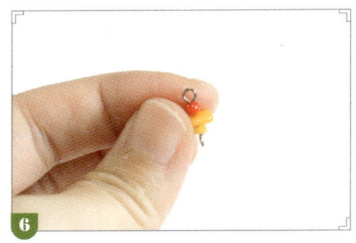

6 산호와 마산옥을 함께 구성하여 구자말이합니다. 나머지 아래 열에 있는 유닛은 모두 단일하게 하나씩 구자말이합니다.

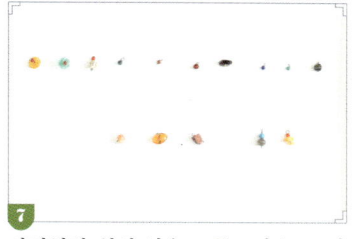

7 사진처럼 위의 열은 모두 T핀으로, 아래 열은 모두 9핀으로 구자말이하여 구성되었습니다.

8 9핀으로 구성한 하단의 유닛을 구자말이한 상단의 유닛에 링을 벌려 연결시켜줍니다. 정해진 규칙은 없으니 자유롭게 구성해보세요. 상대적으로 큰 원석에 작은 원석을 달아주어야 조화롭습니다.

9 구자말이한 커넬리언의 링에 T핀으로 구자말이한 공작석의 링을 벌려 연결시켰습니다. 나머지 유닛 모두 2개의 유닛을 링을 벌려 연결해주세요.

10 2개의 유닛을 모두 연결시켜준 모습입니다. 이렇게 구성하면 위의 원석이 달랑거리는 효과를 주게됩니다.

11 구자말이한 금속볼의 링을 벌려 체인을 걸어줍니다. 체인 길이는 7~8cm가 적당합니다.

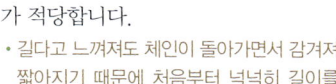

• 길다고 느껴져도 체인이 돌아가면서 감겨져 짧아지기 때문에 처음부터 넉넉히 길이를 고려하는 것이 바람직합니다.

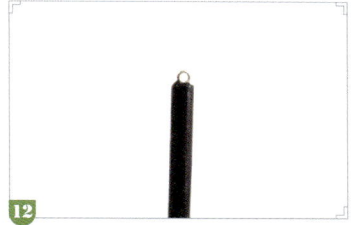

12 비녀의 꼭대기에 핸드 드릴로 구멍을 뚫고 단단한 철사를 구자말이하여 링을 만들어 끼운 후 에폭시로 고정시킵니다.

13 호두를 닮은 동그란 나무비즈를 준비해주세요. 그리고 구자말이한 링이 위로 가게 비녀를 나무비즈의 구멍에 끼워줍니다.

14 비녀와 나무비즈가 만나는 뒷부분에 에폭시를 발라 굳혀주세요.

15 에폭시가 완전히 굳으면 동선을 링에 3~4cm가량 나오게 끼워줍니다. 삐져나온 동선은 모든 유닛을 구성한 후, 마무리를 위해 사용될 거예요. 오방색 반지 만드는 법 기억나시죠? 그 방법과 동일해요.

16 동선의 긴 부분으로 링을 통과하여 세 차례 단단하게 감아주세요.
• 이 과정은 동선을 링에 단단히 고정시키기 위함입니다.

17 사진처럼 네 그룹으로 나누어 3개씩 동선에 끼운 후 링을 통과하여 한 번씩 감아가며 고정시킵니다. 어떤 유닛이든 순서는 상관없습니다. 개수도 필요에 따라 2~4개씩 자유롭게 넣어주세요. 단, 체인 금속볼은 엉킬 수 있으므로 맨 나중에 연결시킵니다.

18 3개의 유닛을 한꺼번에 긴 동선에 넣어줍니다.

19 동선을 링에 통과하여 한 번 감아줍니다.

20 팽팽히 잡아당기면 3개의 유닛이 구성된 모습을 볼 수 있습니다. 나머지 유닛도 모두 같은 방법으로 구성해주세요.

21 같은 방식으로 두번째 그룹이 구성된 사진입니다.

22 세 번째 그룹이 구성된 사진이에요.

23 마지막으로 네 번째 그룹이 구성된 사진입니다.

24 모든 유닛이 구성되면 처음 남겨둔 짧은 동선과 긴 동선을 맞잡고 꽈배기 꼬듯 꼬아줍니다. 이때 비녀를 돌려주면 잘 꼬아져요.

25 꼰 동선은 풀리지 않을 정도로만 여유를 남기고 니퍼로 바짝 잘라주세요.

26 완성! 알록달록 다양한 구슬들이 소복하게 모여져서 너무 예쁘죠?

27 전체 컷을 볼까요? 기품 있는 호두비녀가 완성되었어요.

튤립 머리끈

튤립 머리끈은 장신구에 규방공예를 접목한 새로운 형태의 머리끈이에요.
그럼 들어가기에 앞서 규방공예에 대해서 잠시 알아볼까요? 규방공예는 조선시대 양반집 규수들의
생활공간이었던 규방에서 만들어진 공예품들을 총체적으로 의미해요. 예술적 끼와 재능이 뛰어났지만
마땅히 발산할 통로가 없었던 옛 여인들은 그들의 처소인 규방에 머물면서 옷을 만들다 남은 짜투리천으로
이것저것 응용해가며 조각보를 만들고, 자수를 놓고, 바늘방석과 골무, 매듭 그리고 다양한 형태의
주머니를 만들었답니다. 손재주와 미적 감수성이 풍부했던 이 숨은 예술가들은 쓸모없고 하찮아
곧 버려질 조각천으로 현 시대에 돌아봐도 무척 세련되고 지혜가 배어 있는 아름다운 생활소품들을
만들었습니다. 바느질이나 생활소품으로만 취급되기에는 규방공예 작품들이 디자인 면에서나
수작업의 노동면에서나 저평가되어 있다는 생각이 들어요. 규방공예를 예술작품의 영역으로
끌어올리기 위한 다양한 접근법이 시도되어야 할 것입니다. 튤립 머리끈 강좌는 구슬이나 금속재료를
사용하지 않고, 비단을 사용하여 입체감 있게 장신구를 구성해볼 수 있는 시간이에요.
오랜만에 양가집 규수처럼 바느질도 해보세요.

READY

- **강좌 개요**
비단을 바느질하여 튤립 모양으로 만들고, 고무줄에 단단히 고정시켜 전통색이 물씬 풍기는 머리끈을 만들어봅니다.

- **재료**
비단(9×9cm), 머리끈용 고무줄(16cm), 실크사(바느질용), 폴리에스텔사 혹은 면사(주름 잡는 용), 바늘, 담수진주, 솜 약간

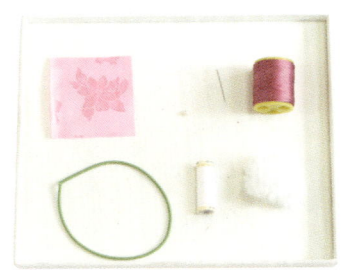

1
9×9cm로 자른 비단을 안감이 겉으로 나오게 반으로 접은 후 맞대어 실크사로 곱게 홈질합니다(시접 1cm).

2
바느질을 마쳤으면 전체를 뒤집지 말고 반만 뒤집으면 사진처럼 안과 겉이 모두 겉감으로 구성되게 됩니다.

3
하단에서(마름질한 부분) 1cm 올라온 지점에 초크 혹은 기화성 펜으로 바느질선을 표시해줍니다.

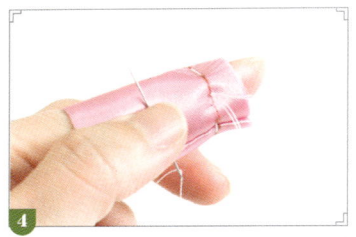

4
잡아당겨 주름을 잡을 용도이니 듬성듬성 홈질해주세요. 네 겹을 모두 맞대어 홈질하는 게 아니라 위의 사진처럼 가운데 부분은 뚫리게 홈질해주세요.
- 이때 실은 좀 두꺼운 면사를 사용하고, 얇은 실은 두 겹으로 사용하세요. 주름을 잡고 잡아당기게 되면 얇은 실크사는 쉽게 끊어지게 됩니다.

5
16cm로 자른 머리끈용 고무줄을 반으로 접어줍니다.

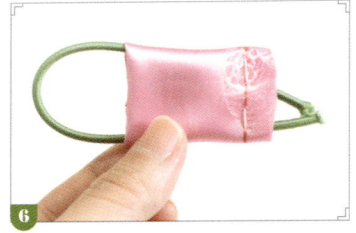

6
반으로 접은 고무줄을 사진처럼 끼워주세요.

7
홈질한 실을 잡아당겨 주름을 잡아주고 사진처럼 실을 몇차례 고무줄에 단단하게 감으면서 바늘로 징거준 후 마지막에 매듭지어줍니다.

8
비단을 위로 쓸어 올려주면 사진처럼 겉과 안이 모두 겉감으로 구성된 튤립 모양이 만들어지게 됩니다.

9
솜을 가운데 부분에 넣어주세요. 솜을 너무 빵빵하게 넣으면 윗부분을 징거줄 때도 불편하고 솜도 빠져나오게 되므로 적당량을 넣어주세요.

10
가운데 부분을 바늘을 왔다갔다 통과시켜가며 실크사로 징거주세요.

11
가운데 부분을 징근 모습입니다. 이제 양옆을 징글 차례입니다.

12
양옆의 한쪽을 징근 사진입니다.

13
나머지 부분도 바늘을 왔다갔다 통과시켜가며 징거주세요

14
모두 징거주었으면 바늘에 담수진주를 통과시킨 후 가운데 부분에 단추 달듯이 달아주세요.

15
진주가 포인트로 장식되었습니다.

16
완성!

비단으로 이처럼 독특한 머리끈이 완성되었어요.
다양한 색상의 비단과 천으로 자유롭게 시도해보세요.

꽃가지 귀걸이

산수유 머리핀을 만들어보았으면 이젠 귀걸이에 도전해볼까요?
가지 만드는 법은 동일하지만, 약간의 응용이 더해져서 귀걸이의 형태로
완성됩니다. 꽃가지 귀걸이 만들기에 숙달되면 가지에 구슬 대신 새도 달고,
나비도 달아주세요. 장신구 속에 화조도도 보이고, 초충도도 보일 거예요.

READY

• **강좌 개요**
동선을 꼬아 가지를 표현하는 법과 동선을 감아 귀걸이의 형태로 만드는 법을 배웁니다.

• **재료**
꽃자개 큰 것 2개, 꽃자개 작은 것 4개, 잎사귀 자개 2개, 산호, 귀걸이 은침, T핀, 흑도금 동선 (0.4mm) 35cm

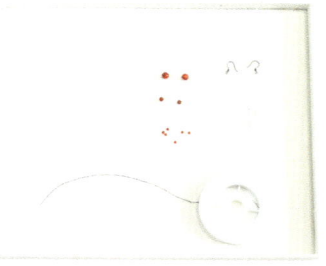

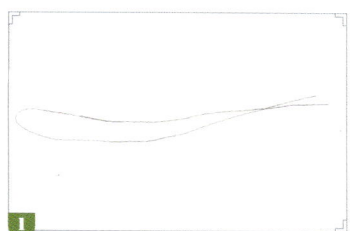

1 동선을 35cm가량 잘라 반으로 접습니다.

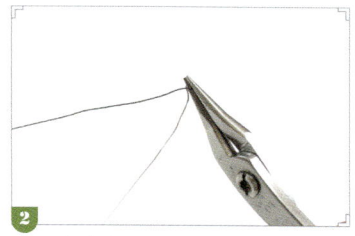

2 가운데 지점을 라운드집게로 동선말이 해줍니다(기초 과정 동선말이하는 법 참조).

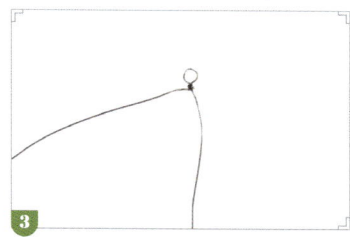

3 사진처럼 고리가 만들어졌습니다.

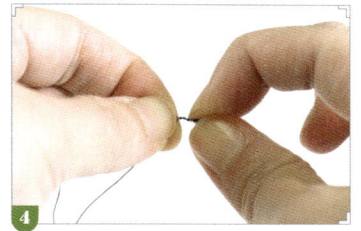

4 고리가 만들어졌으면 고리 바로 아랫부분의 동선 두 줄을 맞잡고 꽈배기 모양으로 2~3차례 꼬아줍니다.

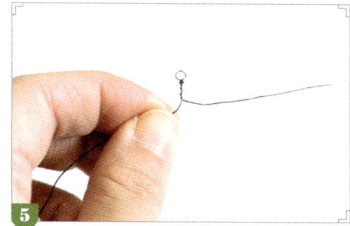

5 사진처럼 목 부분이 만들어졌습니다.

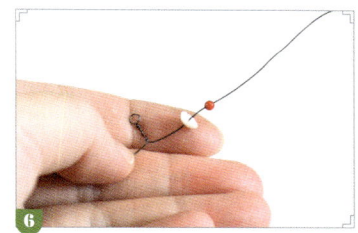

6 2개의 동선 중 한 쪽을 벌리고 작은 자개와 산호를 넣어줍니다.

7 가지로 표현하고 싶은 길이만큼 동선을 접어줍니다.

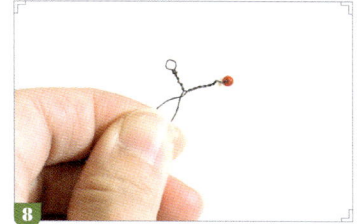

8 같은 방식으로 접힌 2개의 동선을 꼬아 사진처럼 만들어줍니다.
꽃이 달린 줄기 하나가 완성되었습니다. 나머지 2개의 긴 동선을 맞잡아 3~4회 꼬아주세요.

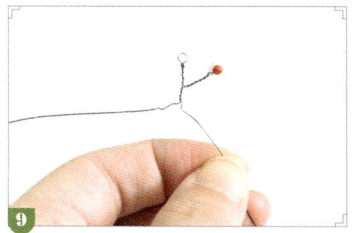

9 그럼 사진처럼 기둥이 생기게 됩니다.
• 꼬아주는 횟수가 많을수록 가지나 기둥은 점점 길어지게 됩니다.
• 지그재그로 가지를 만들어줍니다.
• 이와 같은 과정을 반복하여 가지, 기둥, 가지, 기둥 순서로 만들어나가게 됩니다.

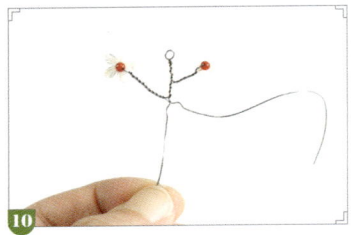

10 지그재그로 이번에는 왼쪽에 다른 모양의 자개가 달린 가지를 하나 만들어 주시고요.

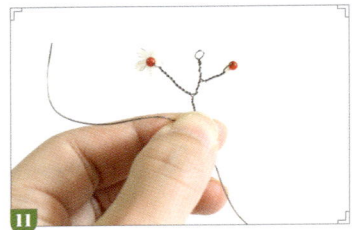

11 몇 차례 꼬아 기둥을 세워주세요.

12 산호가 구성된 가지도 추가되었습니다.

13 마찬가지로 또 기둥을 세워줍니다.

14 기둥이 세워졌으면 또 작은 자개를 구성하여 꽃가지를 구성해줍니다.

15 잎사귀도 구성해볼까요?

16 잎사귀 가지가 완성되었습니다.

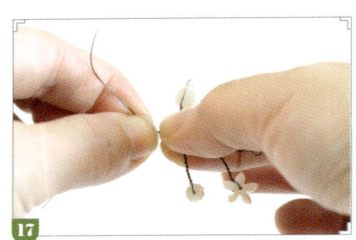

17 마무리하기 위해서 두세 번 단단히 꼬아주세요.

18 짧은 동선은 니퍼로 바짝 잘라주세요.

19 긴 부분은 동선말이해서 링을 만들어 주세요.

20 자, 꽃가지 하단에 링이 하나 완성되었어요. 니퍼로 남은 동선은 잘라주세요.

21 하단에 장식할 산호를 구자말이해줍니다.

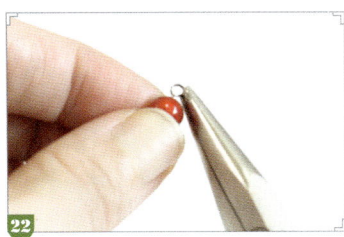
22 구자말이한 산호의 오링을 벌려주세요.

23 구자말이한 산호의 링을 벌려 꽃가지 하단의 링에 걸어줍니다.

24 이제 거의 모양이 나왔죠?

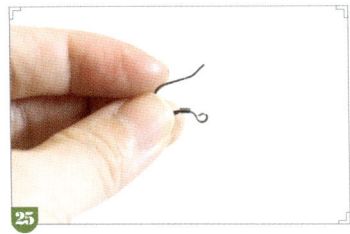
25 귀걸이 은침의 링 부분을 평집게를 사용하여 사진처럼 벌려줍니다.

26 벌려진 링을 가지의 상단 부분의 링에 걸어줍니다.

27 평집게로 닫아 마감해줍니다.

28 꽃가지 귀걸이 1개가 완성되었습니다.

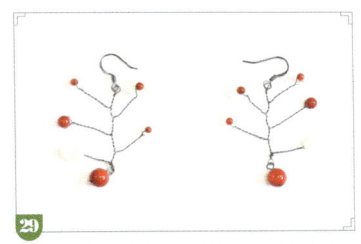
29 다른 1개도 같은 방법으로 완성해주세요.

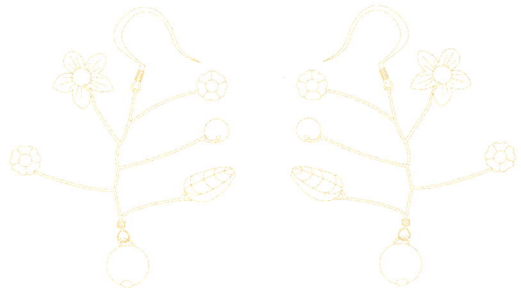

99

블링블링 황후 팔찌

블링블링 황후 팔찌는 전통 스타일의 금속볼에 크리스털을 함께 구성한 팔찌예요.
장신구를 제작하면서 다양한 재료를 시도해보는데요, 전통 장신구에는
원석과 자개, 구슬뿐만이 아니라 크리스털도 무척 잘 어울린다는 사실을 알게 됐어요.
그리고 크리스털이 들어간 장신구는 한복과도 무척 잘 어울린답니다.
한복의 깃과 소매 부분, 스란을 장식하는 화려한 금박무늬는 화려함과
장식성에 있어 평면적인 주얼리라는 느낌이 들 정도인데요,
이 금박에 크리스털이 더해지면 화려함이 배가 되지요. 랑랑 장신구에서도
살짝살짝 산호 대신 빨간색 크리스털을, 오닉스 대신 검은색 크리스털로
구성하곤 하는데, 이러한 시도는 완성품에 생동감과 포인트를 주게 됩니다.
동양적 모티브에 서양 재료인 크리스털이 접목된 퓨전 스타일의 팔찌를 제작해보세요.

READY

• **강좌 개요**
오링과 더불어 9핀으로 구자말이한 링을 벌려 각 유닛들을 연결시켜 팔찌로 구성하는 법을 배웁니다.

• **재료**
금속볼, 크리스털, 원형 금형장식, 론델, 팔찌 뒷장식, 9핀, 오링 2개

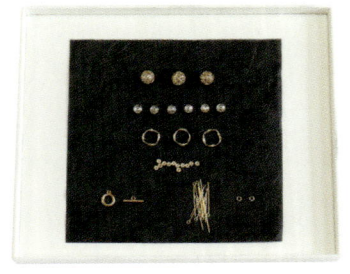

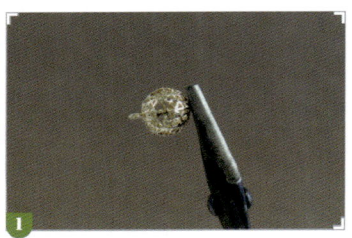

1 9핀으로 금속볼을 구자말이해주세요.

2 같은 방법으로 3개 준비해주세요.

3 론델과 크리스털, 론델 순서로 9핀에 끼워줍니다.

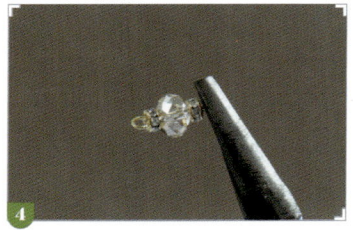

4 구자말이 집게를 사용하여 구자말이해 줍니다.

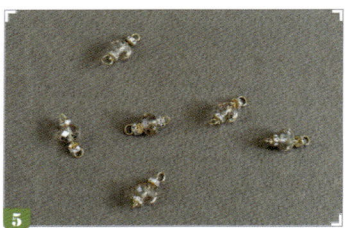

5 같은 방법으로 6개 만들어주세요.

6 구자말이한 링 부분을 평집게로 벌려 주세요. 링을 여닫을 때는 평집게를 사용해주세요.
• 이미 만들어진 9핀의 링보다 본인이 직접 만든 링이 유연해서 평집게로 여닫기가 수월합니다.

7 살짝 벌어졌죠?

8 벌어진 틈으로 론델과 크리스털을 구자말이한 링을 걸어준 후 평집게로 닫아 주세요. 반대편도 똑같이 걸어주세요.

9 1개의 유닛이 완성되었습니다.

같은 방법으로 총 3개를 만들어주세요.

이번에는 론델과 크리스털이 결합된 쪽의 링 부분을 평집게로 벌려주세요.

동그란 원형장식에 벌어진 링을 걸고 닫아주세요.

나머지 두 개에도 원형장식을 달아 총 3개의 유닛을 구성해주세요.

가까이 볼까요? 만들어놓은 유닛 3개를 링 부분을 벌려 원형장식에 연결해주세요.

3개의 유닛이 모두 연결되었습니다. 팔찌 모양이 갖춰졌죠?

오링을 벌려 뒷장식을 달아주세요.

반대쪽도 오링을 벌려 뒷장식을 달아주세요.

완성되었습니다.

랑랑 실크 머리끈

떨잠 머리핀과 산수유 머리핀을 만들었으면 이젠 두 기법이 결합된 머리끈에 도전해볼까요? 궁궐의 공주처럼 화려하고도 아기자기한 랑랑 실크 머리끈을 만들어볼 거예요.
랑랑은 왕비나 귀족의 아내를 높여 이르는 말입니다. 그래서 랑랑 실크 머리끈은 왕비나 귀부인의 머리끈이란 뜻이죠. 반짝반짝 섬세한 실크사에 화려한 금형장식과 떨잠의 흔들림까지 더해져서 무척이나 화려한 스타일의 머리끈이에요. 랑랑 실크 머리끈은 한복과도 무척 잘 어울리기 때문에 명절 때 간편하게 머리를 묶고 화려하게 꾸며볼 수 있는 아이템이죠. 여러분도 랑랑 실크 머리끈으로 귀부인이 되어 보세요.

READY

• **강좌 개요**
떨새와 가지를 자개에 모두 넣어 모양을 잡고, 금형장식과 실크판에 차례로 부착시키는 법을 배웁니다.

• **재료**
원형 실크판, 금형장식, 용수철 1개, 산호, 터키석, 담수진주, 꽃자개 2개(큰 것 1개, 작은 것 1개), 동선(20cm) 5줄, 머리띠 부속(캡 고무줄)

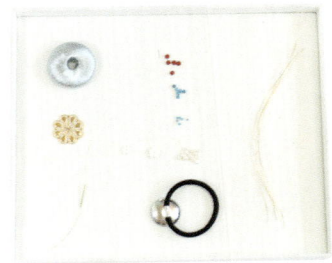

1 용수철에 꽃자개와 산호를 구성한 후, 동선말이하여 떨새 하나를 완성합니다 (기초 과정 용수철 만들기&떨잠의 떨새 만들기 참조).

2 20cm 동선에 터키석, 산호, 담수진주를 구성하여 가지를 만들어줍니다.

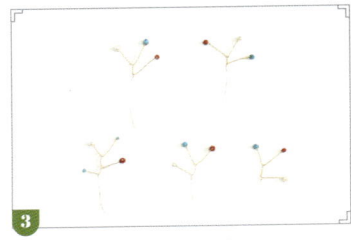

3 5개의 가지를 준비합니다.

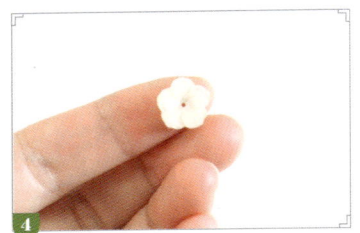

4 조금 더 큰 꽃자개를 준비해주세요. 구멍 안에 용수철과 가지를 모두 넣어줄 거예요.

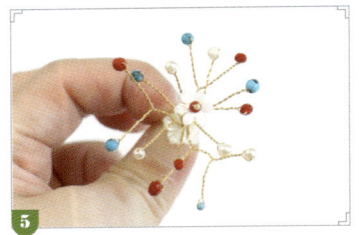

5 큰 자개의 구멍 안에 모두 구성했습니다. 예쁘게 모양을 잡아주세요.

6 가운데 구멍이 뚫린 금형장식을 준비해주세요.

7 구멍에 동선을 모두 넣은 후 에폭시로 자개와 금형장식이 닿는 부분에 펴 발라주세요.

8 실크 원형판의 가운데 부분에 동선을 통과시킨 후 금형장식과 실크 원형판이 닿는 부분에도 에폭시로 펴 발라주세요.

9 20여 분간 굳혀주세요.

10 완전히 굳었으면 삐져나온 동선을 니퍼로 깔끔하게 잘라주세요.

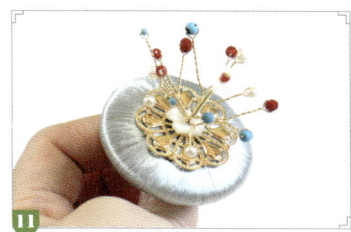

11 모두 견고하게 부착되었습니다.

12 머리끈 부속에 글루건을 쏘아 채운 후 실크 원형판의 뒷부분에 붙여줍니다.

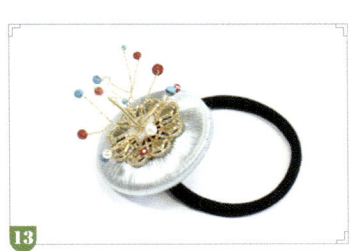

13 완성되었습니다. 너무 예쁘죠?

오얏꽃 자개비녀

비녀의 장식 캡에는 오얏꽃 문양이 새겨져 있어요. 오얏꽃(자두꽃)은 황실의 문양인 동시에 국표로 사용되었어요. 다섯 개의 꽃잎마다 세 개의 꽃술을 배치한 형태로 빛깔은 황제국을 뜻하는 황금색을 주로 사용하였습니다. 대한제국의 인장이 찍혀진 칙서나 정부의 문서에는 태극기와 함께 오얏꽃 문양이 그려졌고, 실제로 박물관에 가면 황제의 의복과 황실에서 쓰던 그릇에도 이 오얏꽃 문양을 발견할 수 있답니다. 이처럼 황실의 문장과 국표로 사용되었던 오얏꽃 문장은 1910년 한일 강제병합 이후 일제에 의해 순종, 영친왕을 비롯한 황실일가는 이왕가(李王家)로 격하되면서 오얏꽃 문양 역시 단순히 왕실을 상징하는 문양으로만 축소되어 사용되게 되었어요.

우리는 망국의 황제인 고종황제를 나라를 일제에 빼앗긴 무능한 황제로 오인하고 있는데 그건 어디까지나 일본이 우리에게 패배의식을 심어주기 위해 세뇌시킨 내용일 뿐이고, 사실 고종황제는 선대의 어떤 왕보다도 나라의 자주 독립과 정체성을 지키기 위해서 고군분투했던 황제였어요. 500년 가까이 중국에 조공을 바치던 속국의 위치에서 벗어나기 위해서, 일본으로부터 군사적·정치적 독립을 하기 위해서 조선이란 국호 대신에 삼한(三韓)시대를 아우르고 보다 큰 한(韓)으로 웅비하려는 의지로 큰 대(大)자를 써서 위대한 한(韓)이라는 의미의 대한제국(大韓帝國)이라고 국호를 바꾸게 됩니다. 대한제국이 선포된 1897년, 10월 12일 새벽에는 사람들이 집집마다 태극기를 걸고 거리로 쏟아져나와 '대한제국 만세', '황제 폐하 만세'를 외치며 황제 즉위식이 거행되는 환구단까지 행렬이 이어졌다고 해요. 오얏꽃 문양은 잊혀진 문양으로 접어두기에는 무척이나 아쉽고 애틋한 문양이에요. 잊지 말아야 할 것은 오얏꽃은 대한제국, 바로 주권국가인 우리나라를 대표하는 문양이었다는 거예요. 다양한 우리의 생활소품에서 오얏꽃 문양을 자주 보게 되었으면 좋겠어요. 그 의미도 되새겨보면서요.

READY

• **강좌 개요**
구자말이한 각 유닛들을 긴 T핀에 차례로 끼운 후 구자말이하여 비녀대에 단단히 고정시키는 법을 배웁니다.

• **재료**
꽃자개 1개, 나뭇잎 자개(큰 것 3개, 작은 것 1개), 진주 5개, 산호 3개, 비즈캡 4개, 빨간색 크리스털 1개, 오링, 9핀, 짧은 사이즈 T핀, 긴 사이즈 T핀, 체인, 비녀

1 T핀에 나뭇잎 자개를 끼워주세요.

2 구자말이하여 링을 만들어줍니다.

3 같은 방식으로 3개 더 만들어주세요.

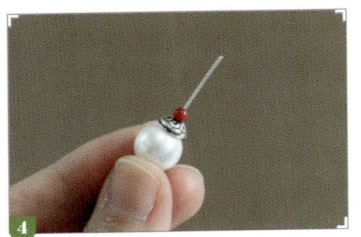

4 이번에는 T핀에 진주, 비즈캡, 산호 순서대로 끼운 후 핀대를 잘라주세요.

5 비즈캡의 모양이 오얏꽃과 비슷하죠?

6 핀대를 자른 후 구자말이집게로 구자말이해주세요.

7 같은 방법으로 진주는 대, 중, 소 3개를 구자말이해주세요.

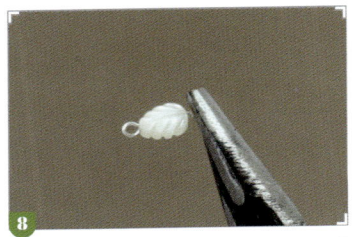

8 체인에 장식될 잎사귀는 9핀으로 구자말이해주세요.

9 마찬가지로 체인에 장식될 작은 진주도 9핀으로 구자말이해주세요. 진주는 2개를 구성해주세요.

10 모두 9핀으로 완성해주었어요.

11 우선 구자말이한 가장 작은 진주 유닛에 오링으로 체인을 연결해주세요.

12 중간 크기 진주 유닛은 사진의 순서대로 오링으로 연결해주세요.

13 가장 큰 진주 유닛은 사진의 순서대로 배열한 후 오링으로 연결해주세요.

14 3개가 모두 완성되었어요.

15 이번엔 긴 T핀에 빨간 크리스털, 오얏꽃 문양 비즈캡, 꽃자개 순서대로 끼워주세요.

⑯ 다음에는 구자말이한 큰 나뭇잎 자개 3개를 모두 사진처럼 T핀에 끼워주세요.

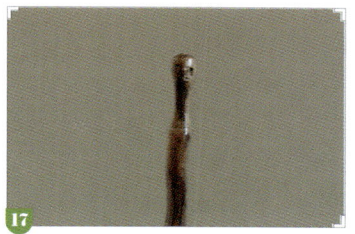
⑰ 비녀의 상단에 사진처럼 수동드릴로 구멍을 뚫어주세요.

⑱ 자개를 모두 끼운 T핀을 비녀의 구멍 안으로 넣어주세요.

⑲ 이 상태로 뒤쪽에서 구자말이해주세요. 주의할 점은 구자말이한 핀대의 끝이 비녀에 꽂힐 정도로 단단하게 구자말이해주어야 흔들리지 않아요.

⑳ 비녀 뒷부분에 사진처럼 링이 하나 만들어졌어요.

㉑ 이건 앞 모양이구요. 모양이 얼추 나왔죠?

㉒ 진주가 달린 체인의 끝에 오링을 달고 비녀 뒷부분의 링에 걸어주세요.

㉓ 3개를 모두 걸어준 모습이에요.

㉔ 이건 앞모습이고요.

㉕ 모두 완성되었어요. 무척 쉽고도 간단하게 비녀 하나가 뚝딱 완성되었어요. 여러분도 어서 따라 해보세요.

111

청포도 황후 귀걸이

우리나라에는 대한제국 시절 3명의 황후가 있었답니다. 바로 명성황후, 순명효황후, 순정효황후지요.
황후는 황제의 정실부인을 의미해요. 우리가 잘 알고 있는 고종의 정실인 명성황후는 생전에는 왕비였지만 일본에 의해
시해된 후에 대한제국이 건국되면서 황후로 추존된 거예요. 조선시대 때는 중국의 눈치를 보느라
임금이 스스로 황제라 칭할 수 없었어요. 그래서 왕비만 있지 황후는 없었죠. 고종이 황제국인 대한제국을 선포해서
왕은 황제로, 왕비는 황후로 격상된 것이랍니다. 그러나 1910년 대한제국의 통치권을 일본에 양도하는 한일병합조약
이후 일제는 고종황제를 일본천황의 신하, 일본의 속국인 조선왕이라 칭하면서 이태왕이라고 격하시켰고,
명성황후도 이태왕비란 뜻으로 격하해서 민비라 부르도록 했어요. 민비라는 호칭이 일본이 우리 황실을 격하해서 부른
호칭인지도 모르고 제가 어렸을 때는 명성황후라는 호칭보다는 민비라는 호칭이 더 일반적이었죠.
흥미로운 것은 명성황후에 대한 일본의 부정적이고 왜곡된 묘사와는 달리 명성황후를 가까이서 모셨던
여러 서양인들의 기록에 의하면 명성황후는 무척 총명하고 우아하면서도 순수한 면을 간직한, 통찰력과 추진력을 겸비한
완벽한 귀부인으로 묘사되어 있다는 거예요. 시대를 초월한 정치가이자 외교가로 조선의 독립을 위해 애쓴 분이라는
기록으로 보아 명성황후는 필시 범상치 않은 여장부였을거라는 추측이 드네요. 황후의 우아함과 화려함을 상상하며
알알이 싱그러운 청포도알을 닮은 귀걸이를 제작해볼 건데요, 들어가기에 앞서 구자말이와 동선말이는 이제
어느 정도 익숙해지셨나요? 이번에는 조금 다른 형식의 동선말이 링을 만드는 법을 알려드릴 거예요.
이 기법은 구슬의 구멍이 너무 커서 T핀이나 볼핀이 들어가지 않을 때 무척 유용하게 사용되는 기법이에요.
드랍비즈에 예쁜 고깔이 달린 링을 달아줄 때도 이 기법이 쓰인답니다. 실용적인 용도와 더불어 장식적인
효과도 주는 기법이지요. 많이 봤지만 기법을 몰라 망설였다면 이번 기회에 확실하게 익혀보세요.

READY

• **강좌 개요**
동선말이로 고깔이 달린 링을 원석에 구성하는 법을 익힙니다. 각각의 유닛들을 금형장식 고리에 풍성하게 구성해봅니다.

• **재료**
초록색 구슬 12개, 나뭇잎 모양 옥 2개, 금형장식 링 2개, 꽃 문양 금형장식 2개, 금속볼 8개, 동선(0.3mm), 귀걸이 은침, 오링, T핀

1 구슬의 구멍에 동선을 끼워주세요. 구멍을 통과한 동선은 몇 번 감은 후 잘라내므로 짧게 남겨주세요.

2 양쪽 동선을 모아 구슬이 바짝 물리게 두어 번 단단히 감아주세요.

3 짧은 동선은 니퍼로 바짝 잘라주세요.

4 긴 동선만 남았죠? 라운드집게에 한 번 감은 후 시계 방향으로 동선을 팽팽히 잡아당겨가며 단단하게 감아주세요. 우선 오른쪽으로 동선을 감아주세요.

5 감으면서 왼쪽으로 동선을 잡아당겨주세요. 고깔 모양이 나올 때까지 계속 아래 방향으로 돌리면서 감아주세요.
• 이때 동선이 겹치지 않도록 주의하면서 차곡차곡 아래로 감아주세요.

6 고깔 모양이 나왔죠? 지금까지 충분히 연습했던 동선말이 기법과 매우 유사해요. 구슬 위를 살짝 덮을 만큼 둘둘 감아주세요. 원하는 만큼 감은 후에는 니퍼로 깔끔하게 남은 동선을 잘라주세요.

7 예쁜 고깔이 달린 링이 하나 완성되었어요. 이것은 고정의 효과도 있지만 장식의 효과도 있답니다.

8 같은 방법으로 6개를 만들어주세요. 몇몇 구슬엔 밑으로 처지도록 오링을 달아주세요.

9 자, 이번에는 가운데 장식을 만들어볼 거예요. 같은 방법으로 초록 옥 잎사귀에도 동선말이로 고깔이 달린 링을 하나 만들어주세요.

10 그다음에는 초록 구슬을 양쪽으로 동선말이해서 양쪽에 링을 만들어주세요.

11 가운데 금형장식으로 양쪽의 유닛을 동선말이해서 연결해줄 거예요(기초과정 동선말이 연결법 참조).

12 전통 동선말이 목걸이 만들던 기억나시죠? 그때와 똑같아요. 동선을 라운드집게에 한 번 감아주세요.

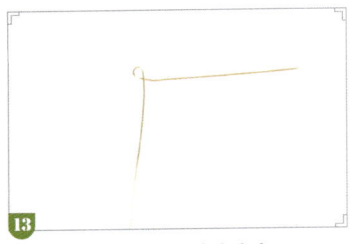

13 사진처럼 링이 하나 생깁니다.

14 링 사이를 살짝 벌려 동선말이한 구슬을 끼워 걸어주세요.

15 동선과 동선이 교차되는 부분의 바로 윗부분을 라운드집게로 집어준 후 짧은 동선을 시계 방향으로 돌려 감아주세요.

16 이렇게 구슬의 링 부분에 링이 하나 연결되었죠?

17 그다음에는 동선에 금형장식을 끼운 후, 라운드집게에 한 차례 감아 링을 하나 만들어주세요.

18 벌려진 링 사이로 동선말이한 잎사귀 모양 옥을 끼운 후 역시 마찬가지로 동선이 교차되는 바로 위 지점을 라운드집게로 집어주세요.

19 동선말이해서 링을 닫아주세요.

20 자, 3가지 유닛이 모두 동선말이로 연결되었어요.

21 금속볼은 4개 모두 구자말이해주세요.

금속볼과 초록 구슬을 섞어가며 금형 링 안에 넣어주세요. 초록 구슬 3개와 금속볼 2개를 넣었어요.
- 각 유닛에 오링을 달아서 링에 걸어주는 방법도 있고, 이처럼 처음부터 구자말이와 동선말이를 할 때 링을 크게 만들어서 바로 끼워주는 방법이 있어요.

가운데 장식을 넣어서 중심을 잡아주세요.

나머지 유닛들을 넣어주세요. 역시 초록 구슬 3개와 금속볼 2개가 구성되었어요. 모두 구성되니 부피감이 생겨서 보기 좋아요. 몇몇 구슬은 오링으로 연결되어 밑으로 처지면서 더 조화로워 보여요.

마지막으로 은침을 링에 걸어주세요.

작업반지에도 들어가지 않을 정도로 링이 굵을 땐 평집게 2개를 사용해서 비틀면서 링을 닫아주면 견고하게 닫힌답니다.

귀걸이 하나가 완성되었어요.

모두 완성되었습니다.

PART 3
랑랑 황후 과정

응용편 2

어느덧 마지막 과정입니다. 지금까지 재밌게 만들어보셨나요? 장신구 제작 기법과 더불어 우리나라의 전통과 역사에 대해서도 관심을 가질 수 있는 계기가 되기를 바라는 마음에서 내용 면에서도 좀 욕심을 부려가며 구성해보았어요. 그냥 예뻐서 했던 장신구들도 그 안에 깃들어 있는 의미를 알고 나면 좀 더 애틋하고 의미 있게 다가올 것 같아서요. 실은 제가 그랬거든요. 단순히 전통장신구가 예뻐서 이렇게 저렇게 응용해보다가 궁금한 것은 자료를 찾아 공부하면서 우리나라에 대한 사랑과 존경으로까지 확대되었답니다. 역시 사랑하면 알게 되고, 알게 되면 보인다는 말이 맞는 것 같아요.

Part 3은 좀 더 심도 있게 응용해보는 과정이에요. 지금까지 익혀온 기법들을 모두 조합해서 손맛을 충분히 느껴볼 수 있는 시간이지요. 마지막까지 즐겁게 함께 작업해보아요.

병아리 배씨댕기

배씨댕기는 여자아이의 머리 장식품이에요. 마름모꼴의 비단 중앙에 은으로 배(梨)씨 모양을 만들어 칠보로 장식하고, 그 양옆에 가늘고 긴 끈을 달아 옆머리와 같이 땋아주었던 무척 귀여운 머리 장신구랍니다. 흔한 머리띠 대신 배씨댕기로 포인트를 주는 건 어떨까요? 병아리같이, 개나리같이 화사하고 고운 배씨댕기를 제작해보세요. 독특하고 예쁜 배씨댕기 하나면 어디서든 관심 집중! 아이들은 장식이 가운데로 오게 묶어주고, 어른이 착용할 때에는 약간 비스듬하게 위치시키면 더욱 멋스럽답니다.

READY

• **강좌 개요**
동선으로 각 원석들을 왕골에 탄탄히 부착시키는 방법과 동선을 꼬아 나무비즈를 가운데에 소복하게 구성하는 법을 익히게 됩니다. 1:1 접착제 에폭시로 탄탄하게 부착시키는 법을 배웁니다.

• **재료**
왕골, 다양한 원석, 동선, 나무비즈(가운데 장식용, 양쪽 끈 장식용), 마무리용 펠트, 샤무드끈

1 동선에 나무비즈 2개를 넣고 두 차례 꼬아주세요.

2 동선을 벌려 또 나무비즈 2개를 넣고 두 차례 꼬아주세요.

3 한 번 더 동선을 벌려 나무비즈 2개를 넣고 두 차례 꼬아준 후 2개의 동선을 끝까지 꼬아주세요. 동선 하나에 총 6개의 나무비즈가 구성되었습니다.

4 같은 방식으로 8~10개의 유닛을 구성해주세요.

5 왕골의 가운데 구멍에 나무비즈를 모두 소복이 끼워주세요.

6 뒷부분에 에폭시를 듬뿍 발라 단단히 고정시켜주세요. 에폭시가 완전히 굳을 때까지 20여 분간 그대로 두세요.

7 자, 이제 동선을 왕골에 고정시킬 차례인데요. 에폭시가 마른 후에 왕골의 원하는 지점에 송곳으로 구멍을 내주세요.

8 구멍 사이로 동선을 밑으로 3~4cm 가량 통과시켜주세요. 이 부분은 나중에 마무리용으로 사용하게 될 거예요. 짧은 동선은 아래로, 긴 동선은 위로 삐져나온 상태입니다.

9 위로 나온 긴 동선을 옆부분에 구멍을 내서 아래쪽으로 내려주세요. 구멍이 보이지 않을 경우에는 송곳으로 구멍을 내주세요.

10 뒷면 사진이에요. 뒷부분에 구멍을 낸 후 긴 동선을 위로 뽑아 올려주세요. 이 과정만 거쳐도 동선은 왕골에 단단히 고정이 됩니다.

11 동선이 왕골의 마디에 단단히 감겨 고정된 상태로 긴 동선만 위로 삐져나온 상태입니다.

12 긴 동선에 원석을 하나 끼워주세요.

13 원석의 바로 옆부분을 송곳으로 뚫어 구멍을 내주세요.

14 동선을 구멍에 통과시켜 원석을 고정시켜주세요.

15 같은 방식으로 밑에서 위로 구멍을 뚫어 동선을 위로 빼준 후, 다른 색상의 원석을 넣어주세요.

16 마찬가지로 옆부분에 송곳으로 구멍을 내어 동선을 아래로 뽑아내려 원석을 고정시켜주세요.

17 원석 2개가 동선으로 튼튼하게 고정된 상태예요.

18 같은 방식으로 다양한 원석들을 구성해보세요.

19 진행 과정 사진이에요. 여러 개의 원석을 색깔을 잘 배합하여 자신만의 감각을 살려 자유롭게 구성해보세요.

20 원석이 추가될수록 아기자기함과 화려함이 더해갑니다.

21 모두 구성해주었어요.

이제 뒷부분에 나온 동선을 니퍼로 바짝 잘라주세요.

긴 동선을 아래쪽으로 뽑아내린 후, 처음에 마무리 용으로 남겨놓은 동선과 맞잡은 후 꽈배기처럼 꼬아주세요.

꼬아진 동선은 풀리지 않을 만큼만 여유분을 남겨두고 니퍼로 짧게 잘라주세요.

샤무드끈을 반으로 접어 중간 지점을 확인하고, 왕골의 뒷편 가운데에 잘 맞춰놓은 후 글루건으로 부착시켜주세요.

동그랗게 자른 펠트 천을 글루건으로 잘 붙여 마무리해주세요.

가운데 장식의 양쪽을 노란색 나무비즈로 장식하면 더 장식적인 효과를 줄 수 있어요. 샤무드끈 끝에서 나무비즈 3개를 밀어 넣어주세요. 구멍 안으로 타이트하게 들어가기 때문에 흔들리지 않아요. 반대편도 마찬가지로 3개의 나무비즈를 구성해주세요.

모두 완성되었어요.

병아리 배씨댕기는 처음 동선으로 구성하는 방법만 숙지하면 같은 방법을 되풀이하여 원석을 구성해서 완성하는 단조로운 구성법이에요. 만드는 방법은 비교적 간단하지만 색상을 예쁘게 배열하는 센스와 감각, 그리고 인내심이 필요한 작품이랍니다. 여러분은 더 예쁘게 구성해보세요.

꽃옥가락지

반지는 옛날에 지환이라고도 불렸는데요. 손가락에 끼우는 장신구를 의미하는 단어였어요. 한 짝만 끼는 것을 반지라 했고, 쌍으로 끼는 것을 가락지라고 했지요. 조선시대에는 반지보다 가락지를 더 많이 애용했어요. 그러고 보니 원래 우리나라 반지의 원형은 가락지였다는 생각이 들어요. 한자로 보면 반지(半指)의 반(半)은 절반을 의미하잖아요. 원형에서 반으로 나뉐었기에 반지라 칭하게 된 게 아닐까요? 사극을 보게 되면 여자들이 떠나는 낭군에게 가락지 한 짝을 뽑아 정표로 주는 것을 심심찮게 보게 되는데 가락지는 장식의 용도도 있지만 정인끼리 사랑을 약속하는 상징물로 통용되었다는 것을 알 수 있어요. 오늘날 연인끼리 커플링을 나눠 끼는 것과 별반 다를 바 없지요. 우리는 꽃 모양의 예쁜 가락지를 만들어보도록 해요. 한 짝만 착용해도 예쁘지만 다른 색상으로 같이 착용하면 더욱 예쁜 모양이 된답니다.

READY

- **강좌 개요**

와이어(알루미늄선)로만 반지대를 구성하고 난집없이 동선으로 유닛을 반지대에 연결시키는 기법을 익힙니다.

- **재료**

꽃옥, 산호, 볼핀, 동선(0.3~0.4mm) 50cm, 알루미늄선(1mm)

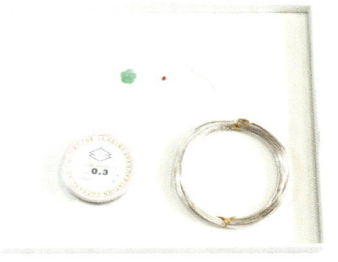

1 끝부분이 동글동글한 볼핀을 사용하여 꽃옥에 포인트를 줘볼까요? 별거 아닌 것 같은 미세한 차이가 작품의 완성도를 높인답니다.

2 산호와 꽃옥을 볼핀에 구성하여 구자말이집게로 구자말이해줍니다.

3 구자말이하여 하단 부분에 링이 생겼습니다. 틈이 벌어진 부분이 없도록 꼼꼼히 닫아주세요. T핀이나 9핀과 달리 가는 동선이나 낚싯줄이 링을 통과하게 되면 벌어진 틈으로 빠질 수 있습니다.

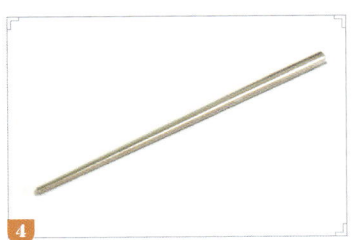

4 반지봉은 반지를 제작할 때 사용하는 도구죠. 점차 굵어지기 때문에 다양한 굵기의 손가락 사이즈에 맞게 만들 수가 있어요.

- 이런 도구가 없다고 고민하지 마세요. 밑으로 갈수록 넓어지는 원추형의 물건은 어떤 거라도 가능하니까요. 사실 원통형도 크게 상관없어요. 음, 뭐가 있을까요? 볼펜, 칫솔, 지휘봉, 작은 방망이? 집 안 곳곳을 한 번 잘 찾아보세요.

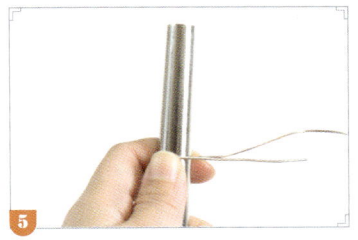

5 반지봉의 가는 쪽에서부터 굵은 쪽으로 알루미늄선을 감아 내려가주세요.

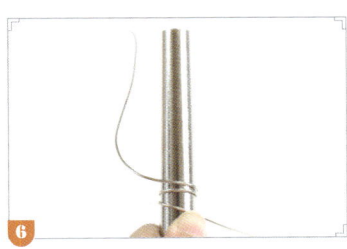

6 같은 1mm여도 알루미늄선은 은선과 달리 잘 구부러지는 성질이 있어서 손쉽게 제작할 수 있답니다. 게다가 반짝거리는 하얀 은빛으로 은의 효과도 낼 수 있으니 일석이조예요.

7 사진처럼 5개의 선이 보이도록 단단히 감아줍니다.

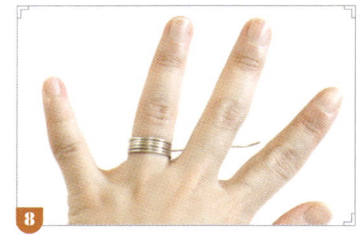

8 감아준 알루미늄선을 반지봉에서 뽑아낸 후 손가락 사이즈에 맞는지 확인해 보세요.

• 작으면 다시 반지봉에 끼워 하단(굵은 부분)으로 밀어내리고, 너무 크면 알루미늄선을 반지봉의 상단(가는 부분)으로 끌어 올려 잡아당겨 다시 단단히 감아주세요.

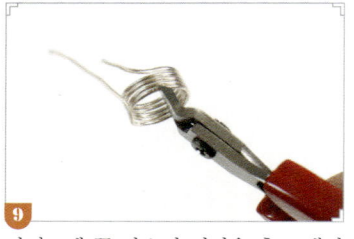

9 사이즈에 꼭 맞으면 뒤집은 후, 4개의 선만 보이도록 양쪽의 삐져나온 알루미늄선은 니퍼로 잘라주세요.

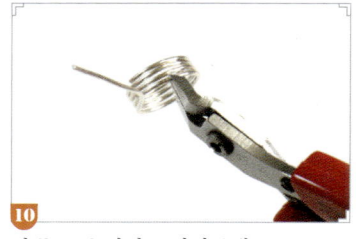

10 양쪽 모두 니퍼로 잘라주세요.

11 자, 깔끔히 정리된 사진입니다. 가운데 2개의 선만 남고 가장자리의 선은 잘려졌습니다. 반지대가 완성되었네요.

12 그럼 가운데 부분을 벌려주세요. 이곳이 반지대의 중심부가 되어 꽃옥이 들어가게 됩니다.

13 동선을 50cm가량 자른 후, 구자말이한 꽃옥의 링에 동선을 통과시켜 반으로 접어줍니다.

14 동선을 바짝 두세 번 꼬아 꽃옥과 동선을 단단히 물려주세요.

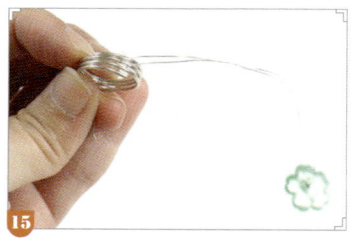

15 알루미늄선의 가운데 부분의 벌려진 틈으로 꽃옥이 감긴 동선을 모두 집어넣고 아래로 잡아당겨 꽃옥의 오링 부분이 알루미늄선의 가운데 부분에 들어가게 해주세요.

• 이때 너무 깊숙이 들어가면 손가락에 걸리게 되니까 살짝 위로 올려 걸쳐주세요.

16 꽃옥의 위치를 잡아줬으면 동선은 사진처럼 양쪽으로 벌려주세요.

17 정면으로 본 모습이에요. 꽃옥의 오링 부분이 알루미늄선의 가운데 부분에 끼워져 있고요, 동선은 앞쪽을 향하고 있습니다. 물론 나머지 동선은 반대편(뒷편)을 향하고 있습니다.

18 자, 그럼 동선을 중심부부터 시작하여 바깥쪽으로 차곡차곡 깔끔하게 단단히 감아줍니다. 동선이 밖으로 보이면 지저분해 보이니까 꽃옥장식에서 벗어나지 않을 정도로만 감아주세요.

19 양쪽 모두 동선으로 알루미늄선을 감아준 상태입니다.

20 모두 완료되었으면 둘 중의 아무 동선으로나 꽃옥장식에서부터 반지대 부분까지 돌돌 단단히 감아주며 내려오세요.

21 이 과정은 반지의 목을 세우는 기법입니다. 단추를 다는 것과 비슷해요.

22 모든 과정이 완료되었으면 2개의 동선을 맞잡은 후 꽈배기 꼬듯 꼬아주세요.

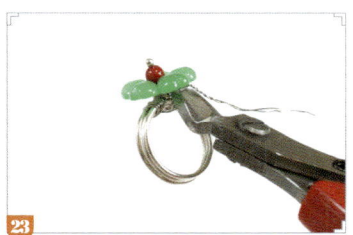

23 동선이 보이지 않게 바짝 자르되 너무 짧게 잘라 풀리는 일이 없도록 주의해주세요.

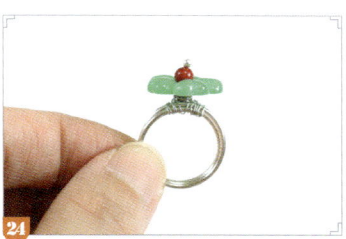

24 완성되었습니다. 이건 정면 사진이고요.

25 옆에서 보면 이런 모습이에요.

26 안쪽은 이렇게 구성이 되었습니다.

27 독특하고 아기자기한 꽃옥가락지가 완성되었습니다. 앗, 아직은 반지인가요? 다른 색상으로 1개를 더 완성해서 가락지처럼 착용하면 더욱 예쁘답니다.

28 바로 이렇게요. 다양한 크기와 색상으로 만들어서 착용해보세요.

색동 머리끈

색동은 '색을 동 달았다'라는 뜻이라고 해요. 여기서 동은 한 칸을 의미하구요. 한 칸 한 칸 색색으로 화려한 색동에는 이런 의미가 담겨 있답니다. 색동은 삼국시대부터 현재에 이르기까지 사용되고 있고, 명절과 경사스러운 날에는 색동옷을 입어 다채로운 색상으로 즐거운 기분을 한껏 드러냈다고 해요. 눈이 번쩍 뜨일 만큼 강렬한 줄무늬는 한편으론 모던한 인상을 주기도 합니다. 색색의 줄무늬 하나만으로 시선집중과 생동감을 주는 색동천을 사용하여 예쁜 머리끈을 만들어볼까요?
우리는 색동비단과 신축성 있는 천을 조합해서 만들어볼 거예요. 신축성이 있는 천은 홈질하여 주름을 잡고 잡아당길 때 울퉁불퉁하게 삐져나오는 부분이 없이 아주 깔끔하게 정리된답니다. 같은 재질의 천끼리 구성하는 것보다 다른 재질의 천을 이어 붙이면 오히려 의외의 멋도 느껴집니다. 천을 구하기 어렵다구요? 지금 당장 서랍을 열어보세요. 스타킹도 좋은 재료가 될 수 있어요. 색동 머리끈은 바느질과 액세서리 제작 기법인 구자말이가 동시에 활용된 흥미로운 작품입니다.
자, 이제 시작해볼까요?

READY

- **강좌 개요**
재질이 다른 2개의 천을 구성하여 바느질하는 법과 홈질한 천을 잡아당겨 주름 잡는 법, 가운데 포인트 장식으로 꽃옥을 구자말이하여 부착시키는 법을 배웁니다.

- **재료**
색동비단 9x9cm, 신축성 있는 천(스타킹 등) 9x9cm, 왕골 4.5x4.5cm, 꽃옥, 크리스털, 볼핀, 실(실크사 : 바느질용, 면사 혹은 폴리에스텔사 : 홈질용), 머리끈 부속(캡 고무줄), 마감용 펠트

1 색동비단(9×9cm)과 검은색 스타킹(9×9cm)의 모서리 부분을 꺾어 사진처럼 배치해주세요.

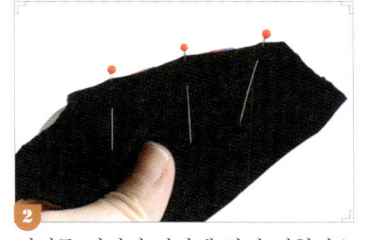

2 꺾어준 겉면이 맞닿게 하여 시침핀으로 고정시킨 후 윗부분을 감침질로 바느질해주세요.

3 바느질이 완성된 모습이에요.

• 왕골 재료가 없으면 단단한 스티로폼을 동그랗게 자른 후 가운데 부분에 구멍을 뚫고 사용해도 좋아요. 넓은 코르크도 훌륭한 재료가 될 수 있지요. 동그랗고 중앙에 작은 구멍만 뚫려 있으면 어떤 재료든 가능해요. 재료는 늘 가까운 곳에서 찾아보세요.

4
이건 뒷모습이고요.

5
왕골을 원하는 위치에 배열해주세요. 검은색 천이 색동천보다 1.5배 정도 더 많이 보이도록 왕골을 배치한 후 바느질선을 초크나 기화성 펜으로 표기해주세요. 검은색 천은 초크로도 잘 보이지 않아 화이트로 표시했어요. 이때 바느질 표시선은 안감이 아닌 겉감에 해주세요. 홈질도 겉감에서 하게됩니다.

6
바느질선을 따라 듬성듬성하게 홈질해주세요.

7
홈질을 마친 후 왕골을 넣고 실을 쭉 잡아당겨 주름을 잡아주세요.

8
이건 뒷모양이에요. 주름을 잡은 후 실은 매듭을 지어주고 잘라내주세요.

9
너풀너풀 남겨진 천도 실이 풀리지 않을 만큼만 여유분을 남겨두고 모두 잘라내주세요. 천을 깔끔하게 잘라낼수록 머리끈 부속을 달았을 때 뒷모양이 납작하게 예쁘게 나와요.

10
이번에는 가운데 포인트 장식을 구성할 차례예요. 볼핀에 빨간 크리스털과 초록 꽃옥을 넣어주세요.

11
넣어준 상태로 볼핀의 끝부분을 가운데로 넣어 천을 뚫고 통과시켜주세요. 왕골은 가운데 부분이 뚫려 있기 때문에 볼핀이 그대로 통과하게 됩니다. 스타킹은 구멍이 뚫려도 올이 나가거나 울지 않고 뚫린 자국도 남지 않아서 좋아요.

• 만약 볼핀이 천에 잘 들어가지 않을 경우에는 볼핀의 끝을 사선으로 잘라 날카롭게 만든 후 뚫어주면 쏙 들어가요.

12
뒤집어 볼핀이 튀어나온 부분을 구자말이집게로 구자말이해주세요. 이때 흔들리지 않게 단단하게 고정시키는 것이 중요해요.

13
구자말이가 완성된 상태예요. 구멍보다 좀 더 크게 링을 만들고 단단하게 말아주면 탄탄하게 고정이되요. 그래도 빠질까봐 우려가 되면 에폭시를 발라 확실하게 고정해주세요.

14
검은색 글루건 심을 넣고 펠트가 붙을 부분에 전체적으로 쏘아주세요.

- 글루건은 투명 글루건 심을 넣을 것과 검은색 글루건 심을 넣을 것 2개를 구비해두는 게 좋아요. 검은색 펠트에는 검은색 글루건 심을 쓰게 되면 글루건이 삐져나와도 크게 눈에 띄지 않아 깔끔하답니다. 작은 디테일 하나에 전체적인 완성도가 좌우됩니다. 특히 마감은 항상 깔끔하게 마무리해주세요.

15
글루건으로 펠트를 붙인 모습입니다.

16
이번에는 머리끈 부속에 글루건을 쏘아주세요.

17
그리고 머리끈 부속 중앙에 붙여 고정시켜주세요.

18
완성되었습니다.

검은색과 구성된 색동이 생동감을 주고, 가운데 꽃장식이 앙증맞네요. 여러분도 다양한 색상으로 자유롭게 응용해보세요.

채송화 뒤꽂이

뒤꽂이는 쪽진 머리에 비녀 외에 부가적으로 꽂는 머리 장신구예요.
아래쪽은 뾰족하고, 위쪽에는 여러 형태의 장식이 달려 있죠. 뒤꽂이 역시 영·정조 때 가체 금지령 이후에
비녀와 더불어 발달하게 되었답니다. 뒤꽂이는 장식적인 효과도 있지만 실용적인 면도 갖추고 있는데요.
가령 빗치개 뒤꽂이는 옛 여인들이 가르마를 갈라 머리를 정리하는 데 사용되었고,
귀이개 뒤꽂이는 머리꾸밈의 용도 외에도 귀이개로 사용되었던 실용적인 머리 장신구입니다.
다시금 느끼는 거지만 우리나라의 전통장신구는 하나하나 아름다운 장식적인 요소뿐만이 아니라
실용성을 갖추고 있는, 선조들의 생활의 지혜가 고스란히 녹아 있는 훌륭한 예술작품이라는 생각이 듭니다.
자, 우리는 뒤꽂이 중에서도 앞마당에 핀 한 떨기 채송화를 닮은 뒤꽂이를 만들어볼 거예요.
채송화 뒤꽂이는 한 가닥 용수철의 흔들림이 무척 귀여운 스타일의 장신구예요. 원석과 나무비즈를 한 가닥 한 가닥
일일이 벌집에 연결해서 아주 튼튼합니다. 채송화 뒤꽂이는 산수유 머리핀과 더불어 박물관 문화상품점에서
가장 인기 있는 아이템이에요. 특히 외국인들이 좋아한답니다. 이렇게 섬세하게 움직이는 장신구가
외국인들의 눈에는 무척 흥미롭게 보이나 봐요. 우리도 빨리 만들어볼까요?

READY

- **강좌 개요**

용수철을 감아 떨새를 만들어 채송화를 표현하고, 낚싯줄로 구슬과 나무비즈를 벌집에 튼튼하게 연결시키는 법을 배우게 됩니다.

- **재료**

산호, 꽃옥, 나무비즈, 마산옥, 용수철 1개, 동선 10cm 4줄, 벌집 브로치판, 뒤꽂이 부속, 마감용 펠트, 낚싯줄(0.3mm) 55cm

1
벌집 맨 가장자리 16개의 구멍이 있는 열에 낚싯줄을 위에서 아래로 4~5cm 가량 통과시켜주세요. 그리고 바로 옆의 구멍에 긴 낚싯줄을 넣어주세요.

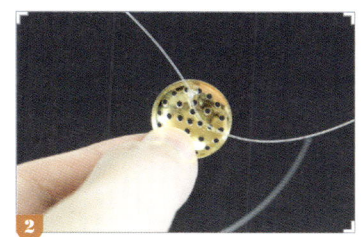

2
벌집을 뒤집어 밑으로 나온 낚싯줄 2개를 서너 차례 단단히 묶어주세요.

3
밑에서 묶어주었으면 다시 앞면이 나오도록 뒤집은 후 맨 가장자리 열에서 긴 낚싯줄을 뽑아 올려 나무비즈를 하나 끼워주세요.

4
나무비즈를 기준으로 바로 왼쪽 구멍에 낚싯줄을 끼워주세요. 나무비즈가 꼿꼿이 세워진 형태가 되게요.

5
처음 구성한 나무비즈를 기준으로 이번에는 바로 오른쪽 구멍으로 낚싯줄을 빼낸 후 나무비즈를 또 하나 끼워주세요.

6
이번에는 새로 넣은 나무비즈를 기준으로 바로 옆 구멍에 낚싯줄을 끼워주면 2개의 나무비즈가 꼿꼿이 세워진 형태가 완성됩니다.

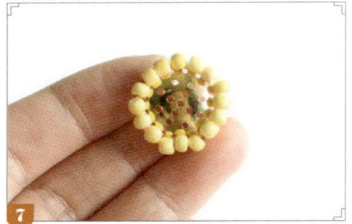

7
같은 방법으로 가장자리의 구멍을 모두 나무비즈로 채워주세요.

8
다음에는 노란색 마산옥으로 구성해줄 차례인데요. 방법은 똑같아요. 8개의 구멍이 있는 열에 낚싯줄을 넣어 위로 통과시킨 후 마산옥을 넣어주세요.

9
나무비즈를 구성했을 때와 마찬가지로 마산옥을 탄탄히 벌집의 구멍에 고정시켜주세요.

10
마산옥까지 모두 구성해준 모습이에요.

11
이건 뒷모양이에요. 긴 낚싯줄과 처음 마무리용으로 남겨논 4~5cm가량의 낚싯줄을 세 차례 단단하게 묶어준 후 나머지 부분은 잘라내주세요.

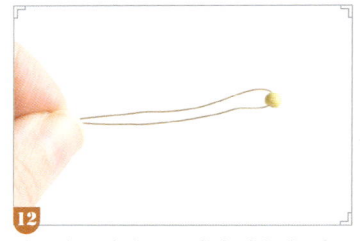

12
나무비즈 하나를 동선에 끼운 후 반으로 접어주세요.

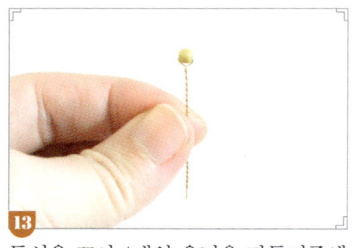

13
동선을 꼬아 1개의 유닛을 만들어주세요.

14
같은 방식으로 총 4개를 구성해주세요.

15
4개의 구멍이 있는 열에 동선으로 꼰 나무비즈 2개를 사진처럼 한 구멍에 하나씩 끼워주세요.

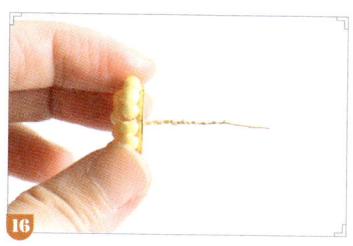

16 밑으로 나온 2개의 동선을 사진처럼 꽈배기 꼬듯 꼬아주세요.

17 나머지 2개도 같은 방식으로 남겨진 구멍에 각각 하나씩 끼워주세요.

18 마찬가지로 밑으로 빠져나온 2개의 동선을 맞잡고 꽈배기 꼬듯 꼬아주세요.

19 용수철을 감아 꽃옥이 구성된 떨새 하나를 만들어주세요.

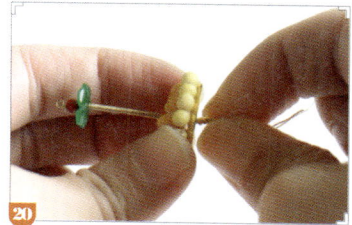

20 떨새를 가운데 구멍에 넣어준 후 나무비즈가 꼬아진 2개의 동선과 함께 한꺼번에 맞잡고 3개를 단단히 꼬아주세요.

21 3개의 동선이 단단하게 꼬아졌습니다.

22 동선은 풀리지 않을 만큼만 여유를 남기고 니퍼로 바짝 잘라주세요.

23 뒤꽂이 부속을 배치해주세요.

24 글루건을 쏘아 뒤꽂이와 벌집을 고정시키고 마감장식으로 동그랗게 자른 펠트를 붙여주세요. 펠트가 검은색이니 검은색 심이 들어간 글루건을 사용하면 더 좋겠죠?

25 자, 단단하게 부착되었어요.

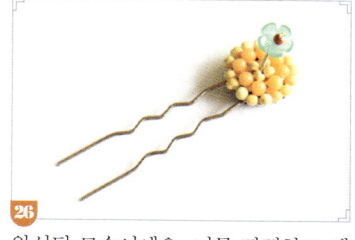

26 완성된 모습이에요. 너무 깜찍하고 예쁘죠?

보기에는 간단해 보이지만 무척 손이 많이 가고 정성이 들어가는 작품이에요. 손이 많이 간만큼 예쁘답니다.

황제 허리띠장식 응용 팔찌

국립중앙박물관의 신라유물 전시관을 둘러보면 화려한 금관과 더불어 눈길을 사로잡는 유물이 있어요.
바로 황제 허리띠장식인데요, 신라의 허리띠는 가죽 띠에 황금으로 만든 띠꾸미개를 붙이고,
그 아래에 마치 오늘날 팔찌의 참(Charm)처럼 황금으로 만든 물고기, 곡옥, 칼, 집게와 같은
여러 형상을 매단 띠드리개를 드리웠습니다. 허리띠의 모양이나 재질은 사회적 지위나 신분을 나타내는
척도였고, 주렁주렁 매달린 장식들은 각각 나름의 의미를 지니고 있다고 해요. 가령 곡옥은 생명을,
물고기는 식량 또는 다산을, 약통은 질병치료와 관련된 것을 상징한다고 합니다.
허리 꾸미개가 화려한 장식성뿐만 아니라 이처럼 다양한 상징적 의미까지 품고 있다고 생각하니
무척 흥미롭네요. 허리띠장식이 손목장식이 안 될 이유는 없겠죠? 띠 부분과 달랑거리는
참(Charm)장식이 황제 허리띠 장식을 연상시키는 화려한 팔찌를 제작하러 지금 떠나볼까요.

READY

• **강좌 개요**
9핀으로 구성한 각 유닛들을 체인에 일정한 간격으로 연결하여 띠장식을 완성해봅니다. 마무리로 띠드리개를 연상시키는 참(charm)장식을 달아줍니다.

• **재료**
꽃 문양 금형장식, 금속볼, 잣 모양 금형장식, 담수진주, 9핀, T핀, 볼핀, 체인(18cm 2줄), 팔찌 뒷장식, 오링 여러 개

1 9핀에 금속볼, 꽃 문양 금형장식, 금속볼 순서대로 끼워주세요.

2 구자말이집게로 구자말이해주세요.

3 구자말이하여 8개의 유닛을 준비해주세요.

4 잣 모양의 금형장식을 구자말이집게로 말아주세요.

5 담수진주는 9핀 대신 볼핀을 넣고 구자말이해주었습니다.

6 담수진주 4개, 잣 모양 금형장식 4개를 구자말이하여 준비해주세요.

7 18cm 체인 2줄을 준비해서 나란히 놓아주세요.

8 체인 두 줄을 오링으로 건 후, 팔찌 뒷장식과 함께 달아주세요.

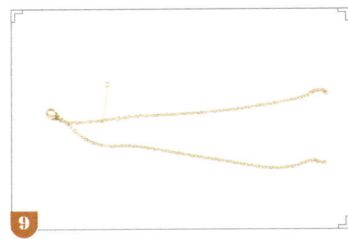

9 양쪽 체인의 10번째 구멍에 꽃 문양 금형장식으로 구성된 유닛을 오링으로 끼워줄 거예요. 위치 확인을 위해 9핀으로 표시해주면 작업하기에 수월합니다.

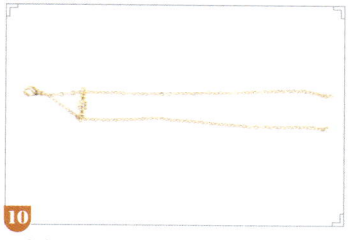

10 1개가 구성된 사진입니다.

11 두 번째부터는 8번째의 체인구멍에 유닛을 같은 방식으로 구성해주세요. 다시 9핀으로 위치를 잡아주세요.

- 유닛이 달릴 체인의 구멍 순서는 체인 크기에 따라 변동성이 있으므로 크게 유념하지 마세요. 유닛이 배치되는 간격도 얼마든지 취향에 따라 좁고, 넓게 구성해보세요.

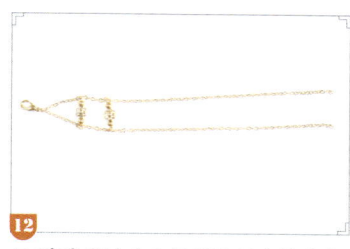

12 두 번째 유닛까지 완성된 모습입니다.

13 같은 방식으로 8번째까지 양쪽 체인에 오링으로 연결하여 유닛들을 모두 구성해주세요. 이제 얼추 팔찌 모양이 나왔죠? 체인이 길면 잘라주세요.

- 중간에 모자라면 난감하니 처음 시작할 때 넉넉히 체인 여유를 두고 작업하면 편하답니다.

14 각 유닛이 구성된 오링에 구자말이 한 잣모양 금형장식과 담수진주를 오링으로 번갈아 끼워주세요. 2개가 구성된 모습이에요.

15 나머지에도 모두 같은 방식으로 참(charm)을 달아주세요.

16 마지막으로 연장체인을 오링으로 양쪽 체인과 함께 연결해주세요.

17 완성되었어요.

진짜 황제 허리띠장식을 꼭 닮았죠? 달랑거리는 참(charm)장식이 화려함을 더한답니다. 다양한 원석을 활용해서 여러 가지 스타일로 시도해보세요.

곡옥 목걸이

구자말이와 동선말이를 하느라 많이 지치셨나요? 그럼 이번에는 좀 쉬어가도록 해요.
고정볼과 피아노선을 사용하여 쉽게 구슬들을 고정시키는 법을 알려드릴게요.
꾹꾹 눌러주기만 하니 이보다 더 쉬울 수가 없답니다. 잠시 기분전환도 할겸, 가볍고 멋스런
곡옥 목걸이를 만들어볼 건데요, 들어가기에 앞서 곡옥에 대해 잠시 알아보도록 해요.
곡옥은 곱은옥이라고도 하는데요, 옥으로 만들어진 초승달 모양의 장식용 구슬을 말해요.
여러분도 사극이나 박물관에서 왕관장식, 귀걸이, 혹은 목걸이에 이 곡옥장식이 사용된 것을
많이 보셨을 거예요. 삼국시대에는 목걸이 중앙에 곡옥장식을 하였고, 곡옥의 무게가
목걸이의 중심이 되도록 가운데 오도록 하였습니다. 곡옥은 태아의 모양을 닮아 다산의 의미도
갖고 있고, 몸에 지니고 있으면 부정을 막고 복을 불러온다고 해서 다양한 장신구에 사용되었어요.
이렇게 좋은 의미를 갖고 있는 곡옥을 사용해서 우리도 멋스런 목걸이를 만들어볼까요?

READY

- **강좌 개요**

  피아노선과 고정볼 사용법을 배웁니다. 마감장식으로 올챙이 사용법을 익힙니다.

- **재료**

  곡옥, 다양한 모양의 옥, 라피스 라줄리 큰 것과 작은 것 여러 개, 금속볼, 올챙이, 고정볼, 오링, 목걸이 뒷장식, 피아노선(0.45mm) 40, 42, 45cm

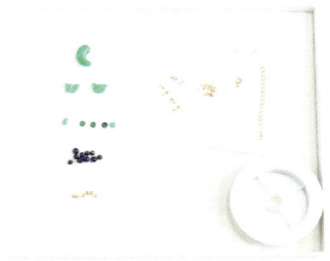

1. 40cm 피아노선에 곡옥을 끼워 가운데로 배치해주세요.

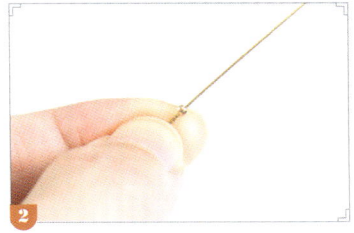

2. 가운데 곡옥을 기준으로 원하는 위치에 고정볼을 넣어주세요.

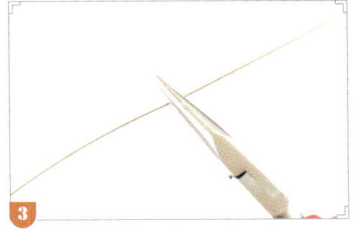

3. 평집게로 한 번 꾸욱 눌러주세요.

4. 납작하게 피아노선이 물렸습니다. 고정볼이 단단히 물리면 피아노선이 빠지지 않아요.

5. 고정볼을 고정시켰으면 라피스 라줄리를 넣어주세요.

6. 다시 고정볼을 넣고 평집게로 꾸욱 눌러주세요.

7. 사진처럼 원석이 고정되어 흔들리지 않게 됩니다.

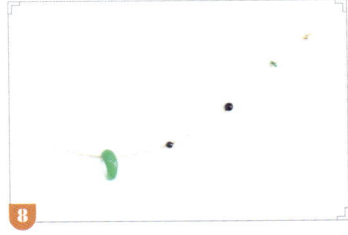

8. 금속볼과 옥을 섞어가며 고정볼로 자유로운 위치에 고정시켜주세요. 한쪽 면이 완성되었습니다.

9. 마찬가지로 다른 한쪽도 자유롭게 구성해주세요.

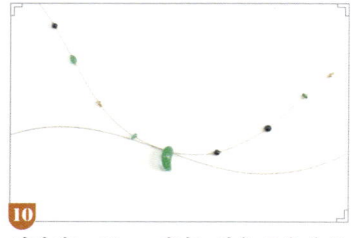
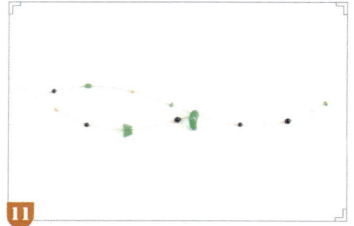
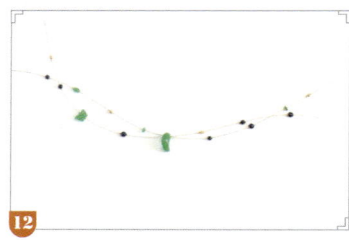

이번에는 42cm 피아노선을 곡옥에 통과하여 가운데에 위치시켜주세요.

고정볼을 사용하여 한쪽을 다양한 원석으로 채워주세요.

다른 쪽도 다양한 원석과 금속볼을 고정볼로 고정시켜가며 자유롭게 구성해주세요.

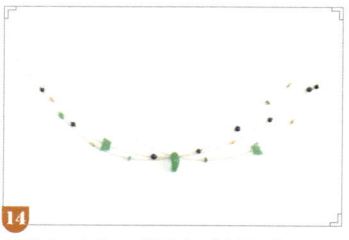

45cm 피아노선을 곡옥을 통과하여 가운데로 위치시켜주세요.

곡옥을 경계로 한쪽을 채워주세요.

모든 원석을 고정볼로 고정시켜 구성해주었어요.

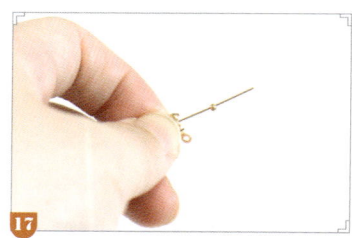

이번에는 마무리 법을 배울 거예요. 올챙이를 피아노선에 끼워주세요.

그리고 고정볼을 끼워주세요.

사진처럼 피아노선을 접어 고정볼 안에 끼워넣어 밑으로 뽑아주면 빠질 염려가 없답니다.

19 평집게로 고정볼을 꾸욱 눌러 고정시켜주세요.

20 피아노선의 남은 부분은 니퍼로 깔끔하게 바짝 잘라주세요.

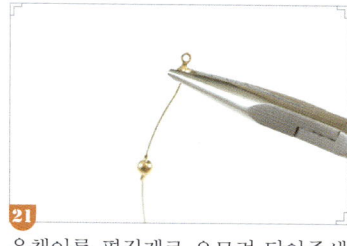

21 올챙이를 평집게로 오므려 닫아주세요.

22 올챙이가 닫힌 모습입니다.

23 한쪽이 완성되었습니다. 반대편의 3개도 같은 방법으로 완성해주세요.

24 올챙이를 모두 구성해주었으면 3줄을 모아 올챙이의 링들을 오링 하나에 걸어주세요.

25 오링에 건 다음 목걸이 뒷장식에 걸어 작업반지로 닫아주세요.

26 마찬가지로 반대편도 3개의 피아노선을 모아 올챙이의 링 부분을 오링으로 연결하여 목걸이 뒷장식(연장체인)에 걸어 달아주세요.

27 완성되었어요.

고정볼 하나로 이렇게 독특한 스타일의 목걸이가 완성되었어요. 전통적인 느낌이 확 풍기죠? 고풍스런 느낌이 나면서도 자연적인 느낌도 나는 독특한 목걸이가 완성되었습니다. 원석이나 크리스털 등 다양한 재료들로 시도해보세요. 큰 것과 작은 것들이 조합되면 리듬감이 느껴져서 더 예쁘답니다.

진달래 뒤꽂이

뒤꽂이는 여성의 머리에 꽂는 장식품으로 금, 은, 백동, 산호, 비취, 밀화 등 다양한 재료를 이용하여 만들었어요. 한쪽 끝은 뾰족하고 길어 머리에 꽂도록 하고 머리 부분에는 국화, 매화꽃 등으로 꾸몄습니다. 마노와 산호로 장식된 조선시대의 뒤꽂이를 살펴보면 색감으로 보나 디자인으로 보나 현대 헤어핀으로도 손색이 없을 정도로 세련되고 고급스럽답니다. 이른 봄, 물오른 나뭇가지에 피어난 한 떨기 진달래꽃을 닮은 여성미가 물씬 느껴지는 진달래 뒤꽂이를 만들어보세요.

READY

- **강좌 개요**
  은선을 꼬아 꽃자개와 담수진주를 구성하여 꽃가지를 표현하는 법을 익힙니다.

- **재료**
  큰 꽃자개, 작은 꽃자개, 산호, 담수진주, 크리스털, 뒤꽂이 부속, 마감용 펠트, 은선(0.4mm)

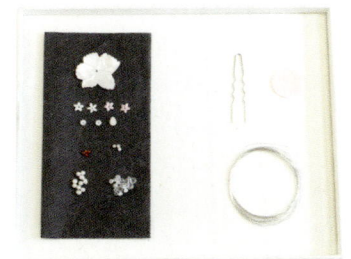

1 30cm 은선에 꽃자개와 산호 순서대로 넣은 후 가운데 지점에서 두 은선을 맞잡고 두어 번 꼬아 꽃자개를 단단히 물려주세요(줄기 만드는 법은 Part 1. 산수유 머리핀 만들기 참조).

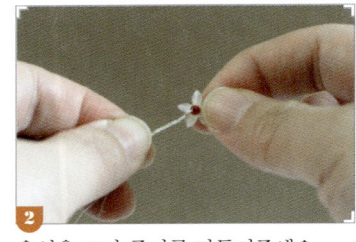

2 은선을 꼬아 줄기를 만들어주세요.

3 줄기 하나가 완성되었어요.

4 줄기를 하나 더 만들어주세요. 크리스털이나 담수진주, 자개 등을 번갈아가며 다양하게 구성해주세요.

5 기둥을 하나 세우고 담수진주로 가지를 표현해주세요. 3개의 줄기가 모두 완성되었어요.

6 같은 방법으로 2개의 꽃가지를 만들어주세요.

7 이번에는 짧은 줄기를 만들 차례예요. 같은 방법으로 25cm 은선에 꽃자개와 진주를 끼운 후 은선을 꼬아 가지를 만들어주세요. 은선이 짧으니 기둥과 줄기도 짧게 만들어주세요.

8 3개의 줄기가 완성되었어요.

9 같은 방법으로 다양한 원석을 구성하여 3개의 꽃가지를 만들어주세요.

⑩ 가운데에 소복하게 들어갈 유닛들은 기둥과 줄기 없이 4개를 만들어주세요 (짧은 줄기 만드는 법은 Part 1. 산수유 머리핀 만들기 참조).

⑪ 진달래 모양 꽃자개의 구멍 안으로 모든 유닛들을 넣어줄 거예요.

⑫ 우선 줄기 없는 짧은 유닛들을 모두 넣어주시고요.

⑬ 그다음에는 꽃가지들을 모두 넣고 모양을 잡아주세요.

⑭ 뒷부분은 은선이 빠져나오지 않도록 에폭시를 충분히 꼼꼼하게 발라주세요.

⑮ 완전히 마른 후에는 니퍼로 은선을 깔끔하게 잘라주세요.

⑯ 깔끔하게 잘라주었어요.

⑰ 이젠 뒤꽂이를 부착할 차례예요. 투명 글루건을 뒷면에 쏘아주세요.

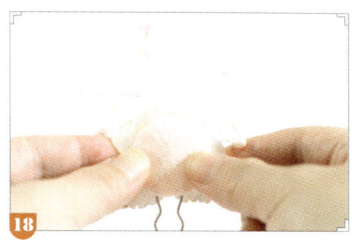

⑱ 뒤꽂이 부속을 붙인 후 다시 글루건을 쏘고 그 위에 펠트 천을 붙여주세요.

⑲ 완성되었습니다. 마치 한 떨기 진달래꽃 같죠?

튤립비녀

튤립 머리끈을 만들어보았다면 이번엔 꽃밭 속에 피어 있는 튤립을 닮은 전통비녀를 만들어보아요. 튤립비녀는 손바느질과 떨새 만들기가 접목된 신선한 작품이에요. 비녀에 떨새가 달린 형태로는 또 어떤 것이 있을까요? 바로 영락잠이에요. 왕실과 사대부 여인이 의식용으로 사용했던 영락잠은 칠보를 입힌 대나무 잎사귀를 바탕으로 꽃심에는 진주, 산호를 물리고 떨새에 봉황을 달아 화려함을 더했답니다. 비녀 중에서 가장 화려하고 섬세한 형태이지요. 땜으로 떨새가 부착된 영락잠과는 다른 방법이지만 튤립비녀에도 떨새가 들어가 꽃술을 표현하고 있어요. 튤립비녀는 1개가 놓여 있을 때도 예쁘지만 다양한 색상의 여러 작품이 한꺼번에 모여 있으면 마치 화단에 흐드러지게 핀 꽃처럼 무척 화려하고 예쁘답니다. 자, 튤립 꽃밭 속으로 지금 떠나볼까요?

READY

- **강좌 개요**

  비단을 바느질하여 튤립 모양을 완성하고, 비녀대에 단단히 고정시키는 기법을 익힙니다. 용수철을 사용하여 달랑거리는 꽃술을 만들어봅니다.

- **재료**

  비단 11x11cm, 산호, 꽃자개, 터키석, 진주, 부토니에, 비녀, 용수철, 바늘, 실(바느질용 : 실크사, 주름 잡는용 : 면사 또는, 폴리에스텔사), 양면테이프, 솜 약간

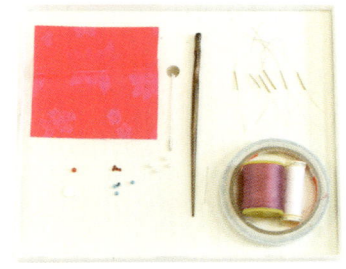

1
부토니에의 핀대를 자른 후, 비녀 상단에 구멍을 내고 꽂아 에폭시로 부착하여 사진처럼 구성해줍니다.

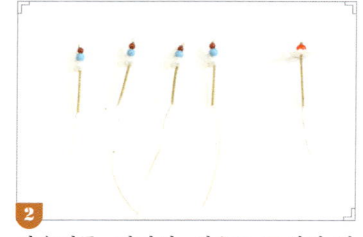

2
담수진주, 터키석, 산호로 구성된 떨새 4개와 꽃자개와 산호로 구성된 떨새 1개를 준비합니다.

3
11×11cm로 자른 비단을 안감이 겉으로 나오게 반으로 접은 후 겉면끼리 맞대어 실크사로 곱게 홈질합니다(시접 1cm).

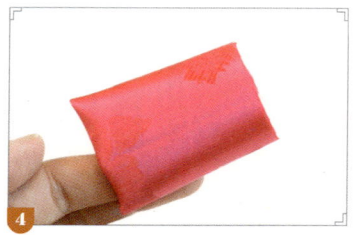

4
바느질을 마쳤으면 전체를 모두 뒤집지 말고 반만 뒤집어 사진처럼 안과 겉이 모두 겉감으로 구성되게 합니다.

- 실크 머리끈 만드는 법 기억나시죠? 만드는 방법이 동일해요. 단 용수철로 꽃술을 표현하는 기법이 추가되는 거예요.

5
하단(마름질한 부분)에 초크나 기화성 펜으로 바느질 선을 표시해줍니다.

6
잡아당겨 주름을 잡을 용도이니 듬성 듬성 홈질해주세요. 네 겹을 모두 맞대어 홈질하는 게 아니라 가운데 부분은 뚫리게 홈질해주세요.

- 이때 실은 좀 두꺼운 면사나 얇은 실을 두 겹으로 사용하세요. 주름을 잡고 잡아당기게 되면 얇은 실크사는 쉽게 끊어지게 됩니다.

7
가운데 부분은 뚫리게 홈질을 마쳤습니다. 실은 주름을 잡을 용도이니 아직 자르지 마세요.

8
뚫린 부분으로 사진처럼 비녀대를 통과시켜주세요.

9
홈질한 실을 잡아당겨 주름을 잡아주고 사진처럼 실을 몇 차례 둘둘 단단하게 감으면서 바늘로 징그는 과정을 반복한 후에 매듭지어줍니다.

10 비단을 위로 쓸어 올려주면 사진처럼 겉과 안이 모두 겉감으로 구성된 튤립 모양이 만들어지게 됩니다.

11 부토니에의 동그란 부분을 양면테이프로 붙여주세요.

12 5개의 용수철의 끝 부분을 양면테이프 위에 붙여 가운데로 몰아 고정시켜주세요.

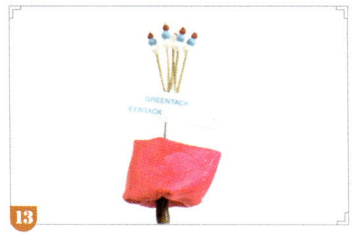

13 모두 붙였으면 양면테이프를 한 번 더 붙여 완전히 부착시켜주세요.

14 끈적거리지 않도록 이번에는 투명테이프로 양면테이프 위를 한 번 더 감싸주세요.

15 솜을 가운데 부분에 넣어주세요. 솜을 너무 빵빵하게 넣으면 윗부분을 징거줄 때도 불편하고 솜도 빠져나오게 되므로 적당량을 넣어주세요.

16 실크사로 가운데 부분을 징거주세요.

17 가운데 부분을 징거줬으면 옆쪽을 징거주세요. 이때 5개의 용수철은 한쪽으로 몰아주세요.

18 나머지 부분도 징거주세요. 용수철이 한쪽에만 쏠려 있는 상태입니다.

19 용수철을 모두 가운데쪽으로 몰아준 후 빠져나오지 않도록 바로 옆부분을 징거주세요.

20 용수철이 가운데로 모두 모아졌습니다. 예쁘게 모양을 잡아주세요.

21 완성되었어요. 바느질과 떨잠의 떨새 만들기 기법이 결합된 독특한 스타일의 비녀예요. 마치 한 떨기 꽃송이 같죠?

고추 금줄 목걸이

옛날에 아기가 태어났을 때는 새끼줄에 고추와 숯, 소나무 가지 등을 꽂아 21일 동안
대문에 걸어놓았어요. 이것을 금줄이라고 하는데요, 금줄의 의미는 아기가 태어난 것을
외부 사람들에게 알리고 또한 외부인의 출입을 금하여 아기가 병에 걸리는 걸 막기 위함이었어요.
의미에서 알 수 있듯이 여기서 금줄은 금한다는 뜻의 금기(禁忌)줄을 의미해요. 딸을 낳으면
금줄에 숯과 생솔가지와 흰 종이를 달았고, 아들을 낳으면 고추를 더 추가해서 꽂았다고 해요.
숯은 나쁜 기운을 흡수하고, 4년 내내 푸르른 생솔가지는 불변의 기운과 벽사(귀신을 쫓음)의
의미를, 흰 종이는 부자가 될 바라는 뜻이며, 빨간 고추는 남아의 의미도 있지만
귀신이 싫어하는 색이어서 그렇게 매달았다고 합니다. 요즘에는 볼 수 없는 금줄!
요즘 아이들은 금줄이 어떻게 생겼는지 알고 있을까요? 좋은 의미와 더불어
예쁜 고추장식이 달린 고추 금줄 목걸이를 만들며 금줄의 의미를 되새겨보도록 해요.

READY

• **강좌 개요**

9핀을 살짝 휘어서 입체감을 주고 9핀에 동선을 감아가며 링을 만드는 법을 익힙니다. 각각의 유닛들이 한곳에 쏠리지 않고 원하는 위치에 링을 만들어 달랑거리게 만드는 매우 유용한 기법입니다.

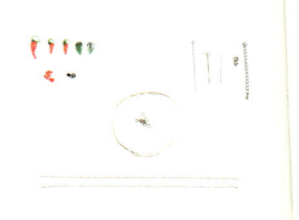

• **재료**

유리 고추장식 3개, 잎사귀 모양 옥 2개, 산호 4개, 검은색 크리스털 2개, 9핀 긴 사이즈 1개, 9핀 일반 사이즈 2개, T핀 2개, 목걸이 뒷장식, 신주선(0.3mm), 오링, 체인(18cm, 2줄)

1 고추장식과 잎사귀 모양 옥에 모두 오링을 달아주세요.

2 윗부분의 2개는 9핀으로 구자말이해주었고, 아랫부분의 2개는 T핀으로 구자말이해주었어요.

3 2개의 유닛을 사진처럼 연결해주세요.

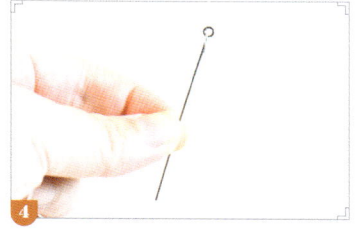

4 다음에는 지금까지 구성한 유닛들을 모두 달아줄 가운데 장식을 만들어볼 차례예요. 긴 9핀을 준비해주세요.

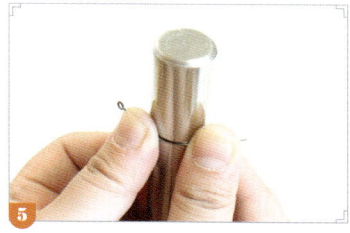

5 9핀의 가운데 부분을 반지봉에 대고 살짝 눌러주세요. 반지봉이 없을 경우엔 원통형의 소품들로 응용해주세요.

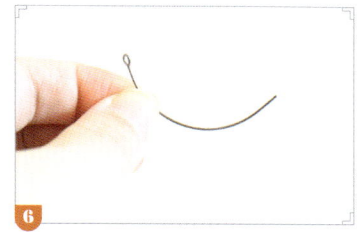

6 이렇게 살짝 휜 9핀이 완성되었어요.

7 지금까지 동선과 은선만 사용했죠? 이번에는 신주선을 사용해볼 건데요. 신주선은 일반 동선보다 더 유연하고 질겨서 잘 끊어지지 않아요. 그래서 지금처럼 한 줄의 금속선으로 많은 링을 만들어줄 때 유용하답니다.

8 떨잠 용수철 만들던 기억나시죠?(기초과정 용수철 만들기&떨잠의 떨새 만들기 참조). 그때처럼 신주선을 9핀의 링 부분에 끼운 후 신주선을 감아 내려가주세요. 이때 무작위로 위로 겹치게 둘둘 감지 말고 차곡차곡 겹치지 않게 신주선을 감아 내려가주세요.

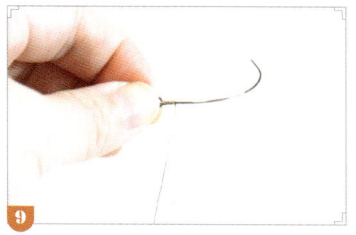

9 처음에는 신주선을 7번 감아주세요.

⑩ 7번 감은 후에 라운드집게로 동선말이 해주세요.

⑪ 작은 링이 하나 만들어졌어요.

⑫ 링이 만들어졌으면 마찬가지로 계속 신주선을 감아 내려가세요. 이번에는 14번 감아주세요.

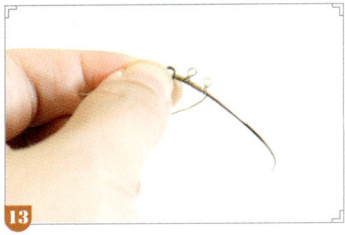
⑬ 14번 감아주었으면 역시 동선말이해서 링을 하나 만들어주세요.

⑭ 14번 감아준 후 동선말이해서 링을 하나씩 만들어준 모습이에요. 처음 시작할 때와 끝나는 맨 마지막 신주선만 7번 감아주었어요. 가운데에는 큰 포인트 장식을 넣어주면 좋으니 홀수로 링을 만들어주는 게 좋아요. 사진에서는 7개의 링이 만들어졌어요. 신주선의 굵기와 링의 개수에 따라 오차가 있으니 만들어가면서 감을 익혀보세요.

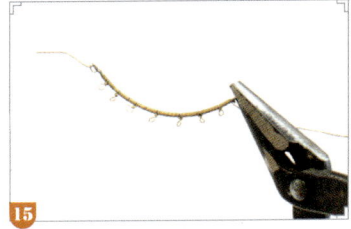
⑮ 모두 완성되었으면 9핀의 반대편도 구자말이 집게로 구자말이해주세요. 이때 반대쪽 9핀의 링과 모양이 같도록 수평으로 구자말이해주세요.

⑯ 이렇게 수평으로 9핀의 링이 위를 바라보는 모양이 완성되었어요. 아래쪽 신주선으로 만들어준 링도 일괄적으로 아래로 향하도록 모양을 잡아주세요.

⑰ 남은 신주선은 양쪽 모두 니퍼로 짧게 잘라주세요.

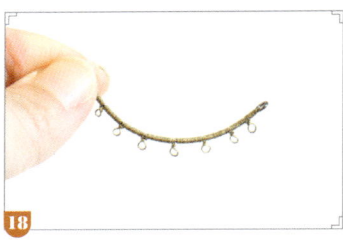
⑱ 살짝 웃는 입 모양처럼 완성되었어요.

19 사진의 순서대로 7개의 유닛을 모두 7개의 링에 걸어줄 거예요. 오링이 달린 유닛은 오링을 벌려 걸어주시고, 구자말이한 유닛은 구자말이한 링을 벌려 걸어주세요.

20 잎사귀 모양의 옥을 오링을 벌려 걸어주었어요.

21 가운데는 좀 큰 고추장식을 걸어서 무게중심과 포인트를 줬어요.

22 모두 걸어주었어요. 마치 금줄에 걸린 고추와 숯, 생솔가지의 느낌이 들어요.

23 다음에는 뒷장식을 걸어줄 차례예요. 랍스터 클래습과 체인을 오링으로 연결해주세요.

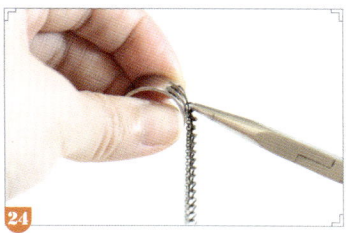

24 연장체인도 오링으로 체인에 연결해주고요.

25 모두 연결해주었으면 이번엔 지금까지 구성한 팬던트 장식에 연결할 차례예요. 9편의 링 부분에 오링으로 체인을 걸어 작업반지로 닫아주세요.

26 마찬가지로 반대편도 오링으로 체인을 걸어 작업반지로 닫아주세요.

27 모두 완성되었습니다.

고추 금줄 목걸이는 예쁜 모양과 좋은 의미, 만드는 방법도 흥미로운 재밌는 장신구예요. 주변에 득남한 분이 계시면 선물해보세요. 무척 좋아할 거예요.

전통 코사지

어느덧 마지막 작품이네요. 여기까지 오느라 수고 많으셨어요.
마음 속으로 큰 박수를 보냅니다. 마지막 과정인 만큼 지금까지 배운 기법들이 많이 들어 있는
독특하면서도 신선한 작품을 만들어보도록 해요. 바느질과 구자말이, 동선으로 각 유닛들을
고정시키는 법과 에폭시로 브로치 뒷장식을 부착시키는 법 및 볼륨감 있게 각 유닛들을
구성하는 법을 익히게 됩니다. 무척 흥미롭겠죠? 많은 스킬이 한 작품에 녹아 있지만
이미 우리는 모든 과정을 차근차근 밟아왔기 때문에 아무 문제없어요.
마지막 작품까지 열정을 갖고 예쁘게 만들어보세요. 자, 시작해볼까요?

READY

• **강좌 개요**

비단과 다양한 원석 및 매듭실을 사용하여 볼륨감 있는 코사지를 제작해봅니다. 동선을 사용하여 많은 유닛들을 작은 링에 풍성하게 구성하는 유용한 기법을 익힙니다.

• **재료**

비단 4X38cm, 옥, 자마노, 오닉스, 담수진주, 산호, 터키석 등 다양한 원석, 동그란 나무장식, 브로치 뒷장식, 바늘, 실, 매듭실, 동선(0.3~0.4mm) 20cm, 볼핀, 오링

1
위에 링이 달린 동그란 나무판의 뒷면에 브로치 뒷장식을 에폭시로 굳혀 붙여주세요.

2
가운데에 구성할 원석들을 T핀이나 볼핀으로 모두 구자말이해주세요.

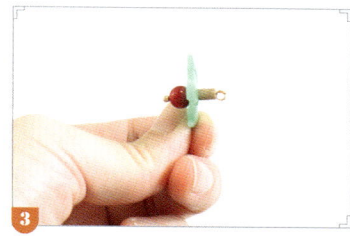

3
가운데 포인트 장식인 꽃옥은 입체감을 주기 위해서 앞으로 튀어나오도록 뒷면에 작은 나무비즈를 끼운 후 구자말이해줬어요.

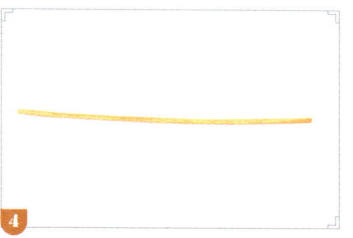

4
4×38cm로 자른 양단을 시접을 1cm 씩 두고 가운데로 접어 감침질해주세요(완성 사이즈 1×36cm).

5
감침질한 모습이에요.

6
매듭실을 사진처럼 손가락을 벌려 대 여섯 번 둘둘 만 후 잘라주세요.

7
가운데 부분을 손으로 꼭 눌러 위치를 잡아주세요.

8
반으로 접은 가운데 부분을 동선으로 한 번 감은 후 아랫부분으로 꼬아지게 고정시켜주세요. 이때 튼튼하게 꼬지 않으면 매듭실이 빠지게 되므로 튼튼히 꼬아 고정해주세요.

9
나머지 동선은 풀리지 않을 정도로만 여분을 남기고 니퍼로 잘라주세요.

10 매듭실과 동선의 사이를 비집고 오링을 벌려 아랫부분에 끼워 넣어주세요.

11 작업반지로 오링을 닫아주세요.

12 같은 방식으로 1개 더 만들어주세요. 총 2개가 만들어졌습니다.

13 이번에는 감침질한 양단을 같은 방법으로 손가락을 벌린 후 손에 벌려 세 차례 감아주세요.

14 사진처럼 가운데 부분을 눌러 위치를 잡아준 후 매듭실과 같은 방식으로 가운데 부분에 동선을 아래쪽으로 꼬아 자르고 아랫부분에 오링을 걸어주세요.

15 비단리본과 매듭실 리본 2개가 만들어졌어요.

16 브로치 뒷장식이 달린 원형 나무판의 링 부분에 동선을 3~4cm가량 통과시킨 후 긴 동선으로 서너 차례 감아 단단히 고정시켜주세요.
• 오방색 반지와 호두비녀 만들기에서 링에 유닛 구성하는 방법과 동일해요.

17 긴 동선에 비단 리본과 매듭실 리본의 고리를 통과시키고 구자말이한 자마노를 통과시켜주세요.

18 그 상태로 브로치 판의 링에 동선을 통과하여 고정시켜주세요.

⑲ 이번에는 옥과 오닉스, 담수진주를 긴 동선에 통과시켜주세요.

⑳ 마찬가지로 브로치판의 링을 통과하여 단단히 감아주세요. 이때 넣는 순서나 개수는 정해진 규칙은 없으니 2~4개 정도 자유롭게 넣어주세요.

㉑ 다음에는 매듭실 리본과 꽃옥장식, 하늘색 마산옥을 통과시켜주었어요.

㉒ 마찬가지로 브로치 판의 링을 통과시켜 감아 단단히 고정시켜주세요. 모든 유닛들이 구성되었어요.

㉓ 유닛들이 모두 구성되었으면 예쁘게 모양을 잡아주세요.

㉔ 그리고 뒤에 남은 2개의 동선은 꽈배기처럼 돌돌 꼬아 풀리지 않게 마무리해주세요.

㉕ 풀리지 않을 만큼 여유분을 남기고 나머지 동선은 니퍼로 잘라주세요.

㉖ 뒷모습이에요.

㉗ 완성되었습니다.

전통적인 재료로 새로운 느낌의 코사지가 완성되었어요. 브로치 판은 주변의 재료로 자유롭게 구성해보세요. 어떤 재료든 윗부분에 링만 부착시키고, 브로치 뒷장식만 단다면 훌륭한 브로치 재료가 될 수 있어요. 주변에서 재료를 찾아 응용해보세요.

EPILOGUE

제 나이 서너 살쯤 되었을 때였을까요?
한밤중에 눈을 떠보니 부모님은 불을 켠 채 두런두런 얘기를 나누고 계셨어요.
누가 사오셨는지 서랍장 위에는 예쁜 족두리 하나가 놓여 있었죠.
오색 빛깔 스팽글의 화려한 반짝임, 용수철의 섬세한 흔들림, 아기자기한 진주장식! 그 모양새에 반해 머리에 쓰고 한참 거울을 보며 놀다가 꼭 끌어안고 다시 잠이 들었던 기억이 납니다. 전통 장신구에 관심을 가진 계기를 누군가 물어온다면 아마도 그때부터였을 거라고 말할 수 있을것 같아요. 어린 소녀를 크게 미혹시켰던 족두리에 대한 강렬한 인상은 그 후에도 계속 잔상으로 남아 전통 장신구에 대한 동경으로 자리하게 되었습니다.
그림 보는 걸 좋아하고, 자연 속에서 걷는 것과 글 쓰는 걸 좋아했지요. 아름다운 것을 보고, 저의 감성을 입혀서 아름다운 것을 만들고 싶었어요. 그것이 글이든 그림이든 장신구든 공예품이든 무언가를 창조하는 것은 저에게 가장 큰 만족감을 주는 일이었습니다.
매순간 그저 좋아서 했던 모든 일들이 연결고리가 되어 지금에서야 전통 스타일의 장신구라는 하나의 구체물로 형성되어가고 있는 듯합니다.

작품으로 풀어놓는 저의 작은 이야기들이지요.

그 이야기들을 혼자만 간직하기보다는 제 작품을 좋아하는 분들과 함께 나누고픈 맘이 들었어요. 그래서 강좌를 진행하게 되었고 강좌를 진행하고 보니 오히려 그 분들로부터 제가 배워가는 것이 훨씬 더 많았습니다.

강좌 때 만나는 한 분 한 분은 저에게는 단순한 수강생이 아니라 저의 정신을 충만하게 하고 새로운 동기를 끊임없이 불어넣어주는 영감의 원천입니다.

좋아해주셔서 감사하고, 그런 분들을 보면서 조금 더 예쁘고 좀 더 독창적이고 흥미로운 것들을 배워가실 수 있도록 연구하고 이런 행동이 결실이 되어 저절로 신제품이 나오고 숍에서의 판매로까지 이어지게 됩니다.

제 강좌를 사랑해주시는 많은 분 그리고 수업에 꼭 참여하고 싶지만 거리상 또는 다른 여건상 참여가 어려운 분들을 생각하며 집필하였습니다. 먼 곳에서나마 이 책을 통하여 저의 이야기를 함께 나누었으면 합니다.

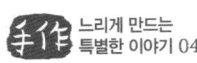 느리게 만드는
특별한 이야기 04

랑랑의 일상 속
전통 액세서리

초판 1쇄 발행 2013년 3월 5일

지은이 조은희
펴낸이 이지은
펴낸곳 팜파스
기획·진행 이진아
편집 정은아
사진 그림스튜디오
디자인 (주)ALL design group
마케팅 정우룡
인쇄 (주)미광원색사

출판등록 2002년 12월 30일 제10-2536호
주소 서울시 마포구 서교동 404-26 팜파스빌딩 2층
대표전화 02-335-3681   **팩스** 02-335-3743
홈페이지 www.pampasbook.com | blog.naver.com/pampasbook
이메일 pampas@pampasbook.com

값 18,000원
ISBN 978-89-98537-04-3 13590

ⓒ 2013, 조은희

- 이 책의 일부 내용을 인용하거나 발췌하려면 반드시 저작권자의 동의를 얻어야 합니다.
- 잘못된 책은 바꿔 드립니다.